高等职业教育汽车检测与维修专业规划教材

国家示范性高等职业院校建设计划项目

实施汽车电路系统初级维护

主　编　袁苗达

副主编　江　洪　程　飞

参　编　李　雷　王怀建　赵计平

梁代春　白　云　王亮亮

唐　鹏　程　磊　张晋源

机械工业出版社

本书是基于我国大力发展职业教育，以国家示范性高等职业院校建设、加快高等职业教育改革与发展为背景，在重庆工业职业技术学院全面实施示范性建设的过程中，通过课程体系与教学内容改革，根据汽车维修行业高素质技能型人才培养的需要，以能力标准为基础编写的系列教材之一。

本书借鉴了国际职业教育的先进理念，突出“做中学、学中做”的原则，把行业能力标准作为专业课程教学目标和鉴定标准，按照能力标准组织教学内容，着重介绍在汽车上要应用到的电学基本原理、汽车蓄电池的维护检测、汽车电路保护装置、汽车控制元件（包括开关、继电器）原理及检测、电路图的识别方法及电路系统的维护诊断程序，为以后各电气系统的诊断打下基础。

本书编写新颖，内容翔实，重在实践能力的培养，可以用作高职高专院校汽车检测与维修及相关专业的教材，也可作为汽车服务人员及企业员工的培训用书。

图书在版编目（CIP）数据

实施汽车电路系统初级维护/袁苗达主编. —北京：机械工业出版社，2010.5（2018.1重印）
高等职业教育汽车检测与维修专业规划教材. 国家示范性高等职业院校建设计划项目
ISBN 978-7-111-28841-1

Ⅰ.①实… Ⅱ.①袁… Ⅲ.①汽车-电气设备-车辆修理-高等学校：技术学校-教材 Ⅳ.①U472.41

中国版本图书馆CIP数据核字（2010）第082912号

机械工业出版社（北京市百万庄大街22号 邮政编码100037）
策划编辑：李超群 王海峰 责任编辑：张双国
版式设计：霍永明 责任校对：任秀丽
封面设计：路恩中 责任印制：常天培
唐山三艺印务有限公司印刷
2018年1月第1版·第3次印刷
184mm×260mm·11印张·215千字
5 501—7 000册
标准书号：ISBN 978-7-111-28841-1
定价：27.00元

凡购本书，如有缺页、倒页、脱页，由本社发行部调换

电话服务	网络服务
服务咨询热线：010-88379833	机 工 官 网：www.cmpbook.com
读者购书热线：010-88379649	机 工 官 博：weibo.com/cmp1952
	教育服务网：www.cmpedu.com
封面无防伪标均为盗版	金 书 网：www.golden-book.com

前　言

本套教材是重庆工业职业技术学院国家示范性高等职业院校建设项目的主要成果。在"校企合作、工学结合"理念的指导下，汽车专业教学团队创新"能力标准、课程体系、职业证书"三位一体的汽车维修高技能人才培养模式，并以此为切入点，带动课程体系与教学内容改革，在重庆市汽车行业协调委员会的指导下，积极与行业企业合作，开发出《汽车维修技术人员培训能力标准》，并以此为依据编写了汽车检测与维修系列教材。

汽车检测与维修系列教材成立了编写小组：江洪任组长，李雷任副组长，赵计平、袁苗达、王怀建、梁代春、程飞、黄朝慧、谢越、黄晓英、张晋源、兰文奎、翁昌群、刘明君、陈磊担任小组成员。

本书是根据《汽车维修技术人员培训能力标准》的核心能力标准《QTPBE026　电路测试与小修》、《QTPBE028　安装、测试和维修低压线路、照明系统》、《QTPBE031　制作及维修电线和线束》等编写的。

本书借鉴了国际职业教育的先进理念，按照岗位能力要求组织教学内容，针对高职学生学习特征设计教学活动，以模拟或真实的工作场所为教学环境开展教学活动，使学生可通过完成项目任务掌握理论知识与实践技能，通过多种教学活动来培养分析和解决问题的能力，任务的设计也兼顾了学生职业素养的形成，本书的鉴定计划和鉴定工具有利于学生自我鉴定和教师进行鉴定并收集资料，教学评估工具有利于教师对教学计划和教学方法的调整。

本书由袁苗达任主编，江洪、程飞任副主编，李雷、王怀建、赵计平、梁代春、白云、王亮亮、唐鹏、程磊、张晋源参与了编写工作。

本书在编写过程中参考了大量国内、外汽车专业书籍，并借鉴了行业维修手册和培训教材，谨在此向其作者及资料提供者表示感谢，同时也感谢重庆市汽车行业技术专家的大力支持。

由于编者水平有限，书中难免存在错误和不妥之处，恳请读者和专家批评指正。

编　者

目　录

前言
绪论……1
单元一　电学基础理论……22
单元二　蓄电池的维护检测……44
单元三　电器部件及检测……64
单元四　汽车配线及修复……77
单元五　汽车电路图识别……91
单元六　电路系统检修……127
课程学习评估单……137
附录　桑塔纳2000GSi轿车电气图……145
参考文献……172

绪　论

一、课程标准

课程类别：职业能力课程

课程学分：6 学分

适用专业：汽车检测与维修技术、汽车电子技术等

1. 课程定位

“汽车电路系统初级维护”课程是职业能力系统化课程中的核心课程之一，它是“电控发动机维修”、“电控车身控制系统维修”、“电控防抱死制动系统维修”、“汽车检测与故障诊断方法”等5门课程的基本先前能力。

2. 课程学习目标

本课程培养在汽车零售、维护和维修中，测试电路、进行小修的能力。它包括更换熔丝、灯泡和线接头，电线出现断路、短路、搭铁的维修，车辆和拖车的照明装置测试和维修低压线路系统的能力，确认维修电线线束的能力（包括检查、测试线束，确定优先的维修行动方案；拆卸、更换和标记线束）。

该课程包含识别和确认工作要求、工作准备；测试电路、识别故障和原因；维修和更换电路元件；工作结束进行清洁和文件归档等。

3. 课程开发依据——能力单元

QTPBE024　测试、维护和充电蓄电池

QTPBE025　拆卸和更换电气、电子元件、总成

QTPBE026　电路测试与小修

QTPBE027　拆装、测试电气控制系统元件

QTPBE028　安装、测试和维修低压线路、照明系统

QTPBE029　安装、测试和维修电气安全系统、元件

QTPBE030　安装辅助电气元件

QTPBE031　制作及维修电线和线束

QTPBE032　实施电线、电路钎焊

4. 课程学习内容

（1）基础知识

1）有关职场健康安全法规、环境保护法、设备、材料和个人安全要求。

2）理解线路图和图形符号。

3）电线类型、尺寸、承载的电流大小及其应用。

4）线束检查和测试步骤（电压降和电路性能）。

5）故障确认和维修。

6）线束制作步骤。

7）线束拆卸和更换步骤。

8）企业质量检查程序。

9）工作组织和计划步骤。

10）常用汽车名称和车辆安全要求。

11）低压电路系统（包括材料、元件和线路系统）的类型、气体放电灯泡等。

12）避免安装、测试和维修附属系统产生副作用的预防措施。

13）有关低压电路、照明电路及元件的原理应用。

14）电压线路及照明电路测试和故障诊断程序。

15）电压线路和照明电路安装步骤。

16）低压线路和照明电路维修步骤。

17）填写作业记录知识。

18）车辆照明规定。

（2）基本技能

1）准备工作。

2）安装低压线路、照明系统。

3）维修低压电气系统。

4）测试低压电气系统。

5）清洁工作区域、完成设备维护。

6）检查、测试线束及决定优先维修行动。

7）拆卸、更换和标记线束。

8）维修线束。

9）制作线束。

（3）关键能力　见表0-1。

表0-1　关 键 能 力

关 键 能 力	需要完成的任务
收集、分析和组织信息	收集、分析、理解有关维护和维修电子车身管理系统的工作程序和安全信息
交流想法和信息	与相关负责人、其他员工和顾客交流想法和信息，确认维修技术标准，汇报工作成果和工作中的问题
计划和组织活动	组织计划技能活动，包括工作现场准备和布置、获取设备和材料，以避免返工、工作流程中断和浪费

（续）

关键能力	需要完成的任务
团队协作	通过和他人相互协作工作，优化工作流程和生产效率
解决问题	使用预先检查技能预料计划和进程问题，避免浪费工时和材料
应用数学思想和方法	正确计算时间、鉴定公差，应用精确计量、计算材料要求，建立质量检查
应用技术	维护和维修电子车身管理系统技术，包括应用工具、测量仪器、数字显示测量技术和呼叫装置，书写作业记录

5. 课程学习前应具备的能力

1）确认维修技术标准和安全操作规范。

2）运用安全工作条例。

3）使用和维护测量工具。

4）使用和维护工具设备。

5）使用和维护测量仪器。

6. 教学相关资源

（1）工具和设备　工具和设备包括手动工具，试灯，万用表，电动、气动工具，拆卸、更换专用工具，专用测试设备和钎焊设备。

（2）材料　材料包括备件、钎焊耗材和清洁材料。

（3）信息　信息资源包括（但不限于）口头、书面、图形、标志、工作进程表、计划、说明、工作公告、备忘录、材料合格证、材料使用方法和储存要求、图样和草图。

7. 课程学习方法

（1）单元学习内容和教学方法建议　见表0-2。

表0-2　单元学习内容和教学方法建议

单元名称	学习内容（能力实作指标）	教学方法建议						
		叙述式	互动式	小组讨论	案例分析	角色扮演	实作演示	现实模拟
单元一 电学基础理论	任务一　完成电学基本理论中应知部分	✓	✓	✓				
	任务二　练习万用表、试灯、跨接线等电路系统基本检测设备的使用	✓	✓	✓	✓		✓	✓
单元二 蓄电池的维护检测	任务一　完成蓄电池理论中应知部分	✓	✓	✓				
	任务二　蓄电池的维护检测	✓	✓	✓			✓	✓

（续）

单元名称	学习内容（能力实作指标）	教学方法建议						
		叙述式	互动式	小组讨论	案例分析	角色扮演	实作演示	现实模拟
单元三 电器部件及检测	任务一　学习各种电路保护装置及其检测方法	✓	✓	✓			✓	✓
	任务二　开关元件的检测	✓	✓	✓			✓	✓
	任务三　继电器的检测	✓	✓	✓		✓	✓	✓
单元四 汽车配线及修复	任务一　分析车辆线束的特点及布置	✓	✓	✓	✓	✓	✓	✓
	任务二　导线及端子修复		✓	✓			✓	✓
	任务三　简单线束制作		✓	✓			✓	✓
单元五 汽车电路图识别	任务一　大众车系电路图的识别	✓	✓	✓				
	任务二　根据桑塔纳 2000GSi 电路图，在车上或全车电器试验台上找系统回路（喇叭电路或其他）		✓	✓			✓	✓
	任务三　富康汽车电路图的识别	✓	✓	✓				
	任务四　丰田车系电路图的识别	✓	✓	✓				
	任务五　美国车系电路图的识别	✓	✓	✓				
单元六 电路系统检修	任务　进行电路系统检修					✓	✓	✓

（2）图标介绍　在学习中，教师和学习者根据书中图标提示的学习步骤及要求进行教学和学习，图标的含义见表 0-3。

表 0-3　图标的含义

图　标	图 标 含 义	图　标	图 标 含 义
	学习目标		学习场所和设备
	学习信息资源		安全警告、注意事项

（续）

图 标	图标含义	图 标	图标含义
	问题		学习鉴定
	实作任务		学习评估

8. 课程学习鉴定指南

（1）鉴定范围

1）工作能力鉴定应在职场或模拟环境中进行。

2）按照维修技术标准、安全操作规范、职场健康安全法规、环境保护法的要求进行鉴定。

3）鉴定应符合法律与法规要求。

（2）鉴定方法

1）鉴定应符合维修技术标准和安全操作规范。

2）鉴定方法必须确认基础知识和技能的一致性和准确性。

3）鉴定中必须直接观察工作任务的完成情况，询问基础知识的方法，考察关键能力的知识和技能的结合。

4）鉴定必须在项目相关的状况下进行，要求提供过程证据。

5）鉴定必须确认适当的推断结果，即技能不仅在特定环境完成，而且能转移到其他环境中完成。

6）鉴定反映一个过程，比只反映一个结果效果更佳，涉及不同的鉴定环境。鉴定的证据可由参与鉴定的顾客、小组长、小组成员提供。

（3）单元学习与鉴定资源

1）鉴定在职场环境或模拟职场环境中进行。

2）有关实施电路系统初级维护的材料。

3）适合实施电路系统初级维护的设备、手动工具和电动工具。

4）包含指定工作任务要求的活动。

5）操作规范和工作指令。

9. 教学评估

（1）教学评估目的　教学评估是对学生学习需求与效果的及时反馈，是对课程教学活动设计和实施过程的质量监控，是对学生学习参与程度的及时检查。

（2）教学评估的标准　按照《汽车维修技术人员培训能力标准》中

能力标准《QTPBE026　电路测试与小修》、《QTPBE028　安装、测试和维修低压线路、照明系统》、《QTPBE031　制作及维修电线和线束》进行学习效果和学习需求评估。

（3）教学评估计划　如图 0-1 所示。

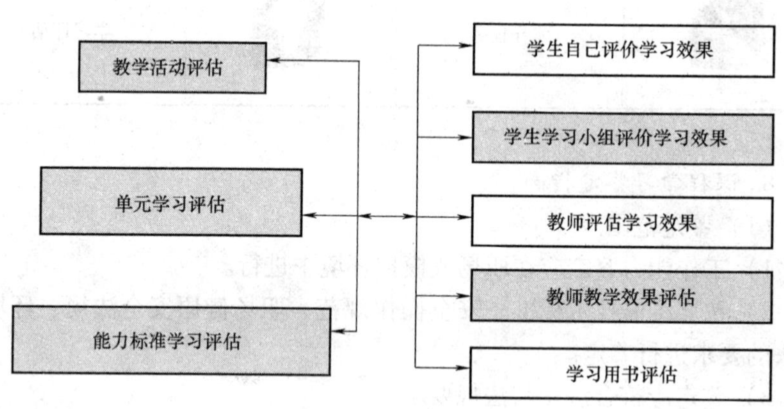

图 0-1　教学评估计划

（4）教学评估工具　教师和学生可以使用评估工具对小组学习、学习用书、教学方法、学习方法、学习鉴定 5 个方面开展教学评估；教师也可以根据教学中的具体情况，自己设计评估问卷，进行教学评估，监控教学质量。

二、教学设计

本书分为 6 个单元，按照学习者的认知规律进行编写的，单元一　电学基础理论，单元二　蓄电池的维护检测，单元三　电器部件及检测，单元四　汽车配线及修复，单元五　汽车电路图识别，单元六　电路系统初级维护。

基于课程能力要素、实做指标，针对学生的学习特征设计教学活动，将教学活动与模拟或真实的工作场所相融合，引用动态的教学鉴定与教学评估相结合，使学习者能“动中学、学中练、练中用”，满足学习者的学习需求。

为更好的满足教学，制定了单元课堂计划。课堂计划描述了主要学习任务、主要学习任务教学要素、教学资源、教学方法等。具体见课堂计划一 ~ 六。

课堂计划一

课程名称	课　次	学　时	主讲人
实施电路系统初级维护	第一次	12	

能力单元	目　标	主要学习任务
单元一　电学基础理论	➤能说明电学基本知识，如电压、电位、电流、电阻、电路、功率等 ➤能解释和正确运用欧姆定律和瓦特定律 ➤能说明串联、并联和串并联电路及支配它们的规律 ➤知道电路的3种情况（开路、短路、搭铁） ➤能用试灯、搭接线、万用表来测量电的三要素 ➤能解释电学在汽车上的应用	➤观看“电的基本原理”VCD ➤完成电学基本理论、电路分析、判断单元应知部分内容习题 ➤练习万用表、试灯、跨接线等电路系统基本检测设备的使用

主要学习任务教学要素
➤在观看VCD时，边观看边介绍及解释一些电的基本原理与现象 ➤解释电路系统维护的主要能力：电路图识别、电路检测基本工具的使用、电路故障诊断思路及规范。识别电路图要有3个能力：掌握电路符号的含义、电路元件的功能、电学的基本知识 ➤鼓励发展关键技能：收集、分析和组织信息，交流想法和信息，计划和组织活动、团队工作，解决问题，应用技术 ➤高职学生来源不同，有些从职校来的学生没有学过电工基础，但从普通中学来的学生却学过，故对电学基础理论了解不一致，应提前进行学习需求分析

主要资源	职场保健安全问题及设备安全
➤电的基本原理VCD ➤万用表、试灯、跨接线 ➤汽车电器试验台或车辆 ➤电学基本知识工作任务单	➤在教室楼梯上标识清楚的安全注意 ➤保证教室通风 ➤在学生练习检测时，不要在设备上直接造成电路短路

（续）

	题　　目	教师做什么	学生做什么	资　　源	时间安排
引言	引入→发现学习者以前的经历→这一单元学习的目标→告诉学生这一单元的结构→学生安全及管理提示→激发动机	教师讲授	学生听、提出疑问		5min
正文	观看“电的基本原理”VCD	解释 VCD 内一些学生不好接受的内容	学生观看 VCD 或听教师解释，提出疑问	“电的基本原理”VCD	90min
	任务一　完成电学基本理论中应知部分	观察学生练习情况，并进行答疑	完成知识题练习，并提出疑问	学习材料	120min
	任务二　练习万用表、试灯、跨接线等电路系统基本检测设备的使用	介绍、示范万用表、试灯、跨接线等电路系统基本检测设备的使用方法	学生练习使用	电器试验台或车辆	300min
鉴定方法	观察学生练习、学生技能展示				
结论	本单元介绍了电学基本原理及在车上的应用、电路检测基本工具的使用				

课程计划二

<table>
<tr><th>课程名称</th><th>课次</th><th>学时</th><th>主讲人</th></tr>
<tr><td>实施电路系统初级维护</td><td>第二次</td><td>12</td><td></td></tr>
<tr><th>能力单元</th><th>目标</th><th colspan="2">主要学习任务</th></tr>
<tr><td>单元二　蓄电池的维护检测</td><td>➢掌握蓄电池的基本结构与原理
➢掌握蓄电池的主要故障及检测方法</td><td colspan="2">➢完成蓄电池维护检测知识部分任务单
➢练习蓄电池维护检测</td></tr>
<tr><th colspan="4">主要学习任务教学要素</th></tr>
<tr><td colspan="4">➢明确蓄电池的基本原理
➢明确蓄电池型号及含义：额定容量、起用容量
➢练习蓄电池 4 种检测方法：静态检测、动态检测、漏电量检测、额外电压降检测，基本方法包括使用万用表检测、电解液密度检测、负载检测方法
➢练习用蓄电池维护设备对蓄电池进行维护：外壳清洁、极柱清洁、充电、加注电解液、拆装蓄电池、跨接起动车辆
➢评估拆装蓄电池的风险：音响锁死、电子钟不准、ECU 自学习数据丢失</td></tr>
</table>

<table>
<tr><th>主要资源</th><th>职场保健安全问题及设备安全</th></tr>
<tr><td>➢万用表、试灯、蓄电池负载检测仪（放电叉）、蓄电池维护 6 件套、电解液密度计、可维护和免维护蓄电池、充电机、车辆、起动用跨接线、起动电源</td><td>➢在教室楼梯上标识清楚的安全注意
➢保证教室通风
➢在学生练习检测时，不要使蓄电池正、负极短路，不要造成汽车音箱因断电锁死
➢在维护蓄电池过程中，不要过度修复蓄电池极柱，造成极柱过小，影响与导线的连接
➢不要造成电解液泄漏，损坏车身或其他设备</td></tr>
</table>

（续）

	题　　目	教师做什么	学生做什么	资　　源	时间安排
引言	引入→发现学习者以前的经历→这一单元学习的目标→告诉学生这一单元的结构→学生安全及管理提示→激发动机	教师讲授	学生听、提出疑问		5min
正文	任务一　完成蓄电池理论中应知部分	讲授蓄电池的基本原理	学生听、看、提出疑问，完成蓄电池维护检测知识部分任务单	蓄电池基本原理视频材料 蓄电池维护检测知识部分任务单	180min
	任务二　练习蓄电池的维护检测	观察学生练习、指出学生练习中的问题、解答学生的问题，以三人为一工作组进行练习(30 人以上班级，分为两组练习)	练习蓄电池维护检测	万用表、试灯、蓄电池负载检测仪(放电叉)、蓄电池维护六件套、电解液密度计、可维护和免维护蓄电池、充电机、车辆	360min
鉴定方法	观察学生练习、学生技能展示				
结论	本单元介绍了蓄电池的基本原理及检测维护方法				

课堂计划三

课程名称	课次	学时	主讲人
实施电路系统初级维护	第三次	12	

能力单元	目标	主要学习任务
单元三　电器部件及检测	➤掌握保护装置的功能与检测方法 ➤掌握继电器的结构原理与检测方法 ➤通过继电器的符号能看懂继电器的结构与性能 ➤掌握各种开关元件的结构与原理 ➤能通过符号看懂开关元件，并能画出它的连接图 ➤能检测开关的好坏	➤练习熔断器、熔丝、易熔线的检测 ➤练习继电器的接线及检测方法 ➤用万用表测量并画出开关的连接图 ➤根据所画的连通图分析开关性能

主要学习任务教学要素
➤熔丝的安装位置、保护方式 ➤确定继电器引脚电路的性质 ➤在画开关连通图时，可以确定几个开关，如点火开关、转向灯开关、制动灯开关等 ➤在根据连通图分析开关性能时，结合开关在电路图上的符号进行控制举例分析。如通过点火开关连通图可以分析出哪根是起动机线、哪根是电源总线

主要资源	职场保健安全问题及设备安全
➤万用表、继电器、带有各种开关元件的台架（桑塔纳灯光系统线束制作试验台）	➤在教室楼梯上标识清楚的安全注意 ➤保证教室通风 ➤注意万用表的测量方法，不要把表笔弄弯或断

（续）

	题　　目	教师做什么	学生做什么	资　　源	时间安排
引言	引入→发现学习者以前的经历→这一单元学习的目标→告诉学生这一单元的结构→学生安全及管理提示→激发动机	教师讲授：保护装置的各类及作用、保护装置在车上的保护形式（保险盒的位置、保护层次）、继电器的结构与原理（简单继电器）	学生听、提出疑问		10min
正文	任务一　学习各种电路保护装置及其检测方法	指导	完成电路保护装置工作任务单	各种保险、多种型号继电器	90min
	任务二　开关元件的检测	指导，观察	用万用表测量并画出开关的连通图，根据所画的连接图分析开关性能	万用表、点火开关雾灯开关、转向灯开关（组合开关）或者用（桑塔纳灯光电路线束制作试验台，上面有各种开关）、电路图资料	220min
	任务三　继电器的检测	老师讲授继电器的扩展：种类、引脚规则、组合继电器、闪光器等继电器安装位置、安装原则等、指导、观察学生练习	练习连接继电器控制电路	继电器、开关、保险、灯（桑塔纳灯光电路线束制作试验台，用继电器控制雾灯电路）	220min
鉴定方法	观察学生练习、学生的连通图、学生连接继电器的展示				
结论	本单元介绍了电路保护装置、继电器及开关元件的结构与功能，可能通过符号理解元件原理				

课程计划四

课程名称	课次	学时	主讲人
实施电路系统初级维护	第四次	6	
能力单元	**目标**	**主要学习任务**	
单元四 汽车配线及修复	➤知道汽车配线怎样形成的 ➤知道导线规格的确定，及确定电路导线的线号 ➤知道汽车线束的作用及构成 ➤确认端子和插接器，并能进行维修 ➤正确修理、连接铜、铝线 ➤修复绞合屏蔽线	➤修复导线及端子：连接、焊接、端子修复 ➤制作一简单线束 ➤分析车辆线束的特点及布置（画出布置简图）	

主要学习任务教学要素
➤线束的修理方法 ➤线束的形成，掌握线路在车上的布置的好处（线路诊断思路会更明确，少拆卸部件）

主要资源	职场保健安全问题及设备安全
➤线束、线束制作试验台、端子、绝缘胶带、热缩管、电烙铁、导线、各种端子、端子取出器	➤在教室楼梯上标识清楚的安全注意 ➤保证教室通风 ➤注意电烙铁烫伤 ➤用端子取出器时不要伤到眼睛（因为取出器较尖）

（续）

	题　目	教师做什么	学生做什么	资　源	时间安排
引言	引入→发现学习者以前的经历→这一单元学习的目标→告诉学生这一单元的结构→学生安全及管理提示→激发动机	介绍线束的组成部件及线束导线选择	学生听、提出疑问	线束样本	20min
正文	任务一　分析车辆线束的特点及布置	指导、观察	学生根据车辆及对应的线束，观察线束在车上的布置及线束上主要插接端子的作用（如哪个端子插哪个元件的）、明确主要线束之间端子在检测时的重要性	线束、与线束相配的车辆	60min
	任务二　导线及端子修复	指导、观察	练习用绝缘胶带、热缩管、电烙铁修复导线，用端子取出器修复端子	绝缘胶带、热缩管、电烙铁、端子、端子取出器	120min
	任务三　简单线束制作	指导、观察	制作一简单线束，连接控制两个系统（比如喇叭、灯光），要通过开关、保险、继电器元件	线束制作试验台	120min
鉴定方法	观察学生练习、学生修复导线的成果				
结论	本单元介绍了对线束的修复及线束的特点，以及线束分布对以后检测的影响				

课程计划五

<table>
<tr><th>课程名称</th><th>课　次</th><th>学　时</th><th>主讲人</th></tr>
<tr><td>实施电路系统初级维护</td><td>第五次</td><td>10</td><td></td></tr>
<tr><th>能力单元</th><th>目　标</th><th colspan="2">主要学习任务</th></tr>
<tr><td>单元五　汽车电路图识别</td><td>➢正确识别汽车电路图
➢根据电路图分析简单系统，如灯光电路、喇叭电路等</td><td colspan="2">➢识别大众、富康、丰田、美国车系电路图
➢根据电路图在车上找出一系统电路回路
➢根据电路图分析全车灯光系统电路原理</td></tr>
<tr><th colspan="4">主要学习任务教学要素</th></tr>
<tr><td colspan="4">➢识别电路图要有三个基础：掌握电路图各符号的含义、掌握各元件的工作原理、电的基本常识
➢每种车的电路图都不一样，但制作的方法大致一样，可以从比较典型的车型（大众、富康、丰田、美国车系）去读懂各符号的含义
➢电路符号主要是为了说明各元件的特性，比如插接件旁边的符号主要是为了说明插接件的特征：颜色、位置、端子总数等
➢电路图有两个主要作用：一是帮助维修人员查找系统回路，便于检测线路、二是分析系统原理，但分析系统原理要在掌握元件功能的基本上的，到目前为止，学生只能分析简单的元件，比如：灯光、继电器等，在举例应用时以不带控制单元的灯光控制为例</td></tr>
<tr><th colspan="2">主要资源</th><th colspan="2">职场保健安全问题及设备安全</th></tr>
<tr><td colspan="2">➢几种典型的电路图
➢与电路图相配套的车辆或全车电器试验台</td><td colspan="2">➢在教室楼梯上标识清楚的安全注意
➢保证教室通风
➢不要损坏电路插接件</td></tr>
</table>

	题　目	教师做什么	学生做什么	资　源	时间安排
引言	引入→发现学习者以前的经历→这一单元学习的目标→告诉学生这一单元的结构→学生安全及管理提示→激发动机	介绍电路图的种类、作用	学生听、提出疑问	电路图	10min

（续）

	题　目	教师做什么	学生做什么	资　源	时间安排
正文	任务一　大众车系电路图的识别	指导、观察	根据资料识别大众车系电路图的符号含义	大众车电路图、大众车电路图识别任务单	90min
	任务二　根据桑塔纳 2000GSi 电路图，在车上或全车电器试验台上找系统回路（喇叭电路）	指导、观察	根据大众车电路图在车上或全车电器试验台上找系统回路	与车相配套的电路图及车辆	60min
	任务三　富康汽车电路图的识别	指导、观察	根据资料识别富康车系电路图的符号含义	富康汽车电路图、富康汽车电路图识别任务单	30min
	任务四　丰田车系电路图的识别	指导、观察	根据资料识别丰田车系电路图的符号含义	丰田车系电路图、丰田车系电路图识别任务单	30min
	任务五　美国车系电路图的识别	指导、观察	根据资料识别美国车系电路图的符号含义	美国车系电路图、美国车系电路图识别任务单	30min
	任务六　分析电路	告之连接的基本方法：一是通过电路图分析灯光系统原理，二是可以一个个系统连接，比如先接前照灯，第二接雾灯等；观察指导学生练习	根据桑塔纳 2000GSi 电路图，分析全车灯光系统电路原理，并完成桑塔纳 2000GSi 全车灯光系统电路连接	桑塔纳 2000GSi 电路图、桑塔纳 2000GSi 全车灯光系统试验台	120min
鉴定方法	任务单、观察、提问				
结论	本单元介绍了怎么识别电路图				

课堂计划六

<table>
<tr><th>课程名称</th><th>课　次</th><th>学　时</th><th>主讲人</th></tr>
<tr><td>实施电路系统初级维护</td><td>第六次</td><td>24</td><td></td></tr>
<tr><th>能力单元</th><th>目　标</th><th colspan="2">主要学习任务</th></tr>
<tr><td>单元六　电路系统检修</td><td>➢掌握电路系统的检修方法
➢掌握电路系统的检测方法与程序</td><td colspan="2">➢练习运用万用表、试灯、跨接线检测
➢在网络教学平台上练习电路的检测维修方法与程序
➢在电器实训台上练习电路的检测维修方法与程序
➢在车辆上练习电路的检测维修方法与程序</td></tr>
<tr><th colspan="4">主要学习任务教学要素</th></tr>
<tr><td colspan="4">➢训练应用检测工具
➢掌握电路的检测维修方法与程序：查找故障现象、原理分析、检查线路、检查元件、维修
➢如何检测电路：分析线的性质及线性产生的条件，模拟线性产生的条件，验证线性与理论分析是否一致，如某条线在开小灯时是正极，那就要在开小灯开关，验证它是不是正极（试灯一端接已知负极，一端接被测线，如果亮表示是正极）。要充分应用线束的分布，线束与线束之间的连接器位置</td></tr>
<tr><th colspan="2">主要资源</th><th colspan="2">职场保健安全问题及设备安全</th></tr>
<tr><td colspan="2">➢汽车维修技术网络教学平台
➢桑塔纳 2000GSi 全车电器试验台
➢ EQ6380 车辆</td><td colspan="2">➢在教室楼梯上标识清楚的安全注意
➢保证教室通风
➢不要损坏电路插接件及车辆部件
➢不能损坏检测设备</td></tr>
</table>

（续）

	题　　目	教师做什么	学生做什么	资　　源	时间安排
引言	引入→发现学习者以前的经历→这一单元学习的目标→告诉学生这一单元的结构→学生安全及管理提示→激发动机	介绍电路的检测维修方法与程序、如何检测电路，演示检测方法	学生听、提问	万用表、试灯、跨接线、汽车维修技术网络教学平台	5min
正文	任务　进行电路系统检修	设置网络平台、设置在线考试、设置故障，观察、指导	在网络教学平台上练习电路的检测维修方法与程序，并完成在线考试	汽车维修技术网络教学平台	180min
			在电器实训台上练习电路的检测维修方法与程序	万用表、试灯、跨接线、电器试验台	180min
			在车辆上练习电路的检测维修方法与程序	万用表、试灯、跨接线、车辆	600min
鉴定方法	任务单、观察、提问				
结论	本单元介绍了电路系统的诊断程序及方法，以后将利用这些程序与方法对其他系统进行诊断				

三、鉴定计划和工具

本课程采用“标准鉴定模式”实施课程鉴定。采用“诊断式、格式化、终结式、先前能力认可”4种能力鉴定方式，形成了一个完整的鉴定体系。依据能力标准，判断学习者的岗位职业能力“合格”与“不合格”，使能力鉴定等级评价在教学过程中起到评价、交流、激励和组织的作用。

鉴定工具的使用方法：在完成每一个单元任务后，必须通过教师的鉴定，并由教师签字确认。教师可根据观察、学生的技能展示、提问等来完成对学生的鉴定。学生有两次鉴定机会。课程结束时，每位学生必须完成下面的课程鉴定表，并在课程结束后作为存档材料。

单元学习鉴定表

单元	任　务	鉴定一	鉴定二	学生签字	教师签字	通过日期
单元一　电学基础理论	任务一　完成电学基本理论中应知部分	□合　格 □不合格	□合　格 □不合格			
	任务二　练习万用表、试灯、跨接线等电路系统基本检测设备的使用	□合　格 □不合格	□合　格 □不合格			
单元二　蓄电池的维护检测	任务一　完成蓄电池理论中应知部分	□合　格 □不合格	□合　格 □不合格			
	任务二　蓄电池的维护检测	□合　格 □不合格	□合　格 □不合格			

（续）

单元	任务	鉴定一	鉴定二	学生签字	教师签字	通过日期
单元三 电器部件及检测	任务一 学习各种电路保护装置及其检测方法	□合 格 □不合格	□合 格 □不合格			
	任务二 开关元件的检测	□合 格 □不合格	□合 格 □不合格			
	任务三 继电器的检测	□合 格 □不合格	□合 格 □不合格			
单元四 汽车配线及修复	任务一 分析车辆线束的特点及布置	□合 格 □不合格	□合 格 □不合格			
	任务二 导线及端子修复	□合 格 □不合格	□合 格 □不合格			
	任务三 简单线束制作	□合 格 □不合格	□合 格 □不合格			
单元五 汽车电路图识别	任务一 大众车系电路图的识别	□合 格 □不合格	□合 格 □不合格			
	任务二 根据电路图在车上或全车电器试验台上找系统回路（喇叭电路）	□合 格 □不合格	□合 格 □不合格			

（续）

单元	任　务	鉴定一	鉴定二	学生签字	教师签字	通过日期
单元五 汽车电路图识别	任务三　富康汽车电路图的识别	□合　格 □不合格	□合　格 □不合格			
	任务四　丰田车系电路图的识别	□合　格 □不合格	□合　格 □不合格			
	任务五　美国车系电路图识别	□合　格 □不合格	□合　格 □不合格			
	任务六　分析电路	□合　格 □不合格	□合　格 □不合格			
单元六 电路系统检修	任务　进行电路系统检修	□合　格 □不合格	□合　格 □不合格			

单元一　电学基础理论

学习目标

学完本单元后，应掌握基础电学理论及其在汽车电路中的应用。为达到以上目的，应掌握以下知识及技能。

1）能解释电压、电位、电流和电阻、电路。

2）能解释和正确运用欧姆定律和瓦特定律。

3）掌握电磁的原理及汽车上电磁的应用。

4）能解释二极管、晶体管的原理。

5）能正确运用万用表、试灯、跨接线等工具。

6）能解释电子元件在汽车电控单元中的应用。

学习信息

一、电压、电流、电阻及电路

原子含有被称作质子和电子的微粒，质子带有一个正电荷，电子带有一个负电荷，“荷”含有电动势的意思。图 1-1 所示为铜原子的组成。

在原子里，质子向电子施加引力，从而将它们保持在外围做旋转运动。由于质子的正电荷与电子的负电荷强度相等，原子便呈现为中性。但这种中性会因外部原因（如发电机或蓄电池）导致大量电子脱离原子并聚集一处而产生变化，结果原子里正常的电子数量将减少。

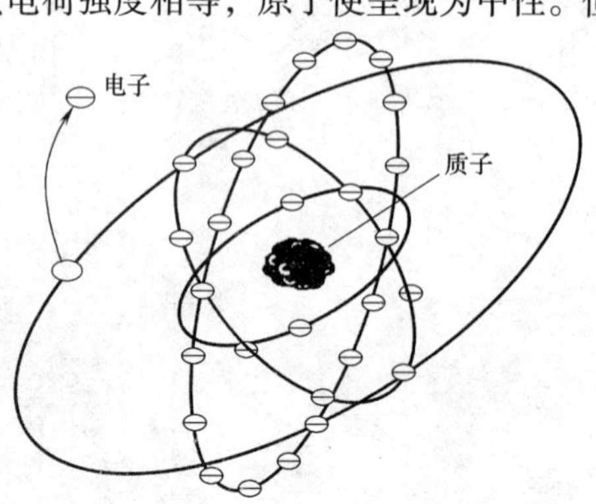

图 1-1　铜原子的组成

大量电子聚集一处的现象称为充电。电子向一个方向移动（例如沿导线移动）的现象称为电的流动。上一个电子的移动会作用于（吸引或排斥）下一个电子，于是在整个物体上产生连锁反应。

当电子沿一导体“流动”时，这种流动会立刻传到导体的另一端，尽管电子本身在1s内不过移动了几毫米，但作用于电路一端的能量以光的速度传向电路的另一端，这是因为电子沿导体传递能量和台球运动相类似，如图1-2所示。将几个台球一个挨着一个在台球桌上排成行，撞击行列一端的球，另一端的球将会同时滚动出去，其能量基本是相等的。电子的运动方式与此相同，能量从一个电子传给另一个电子。

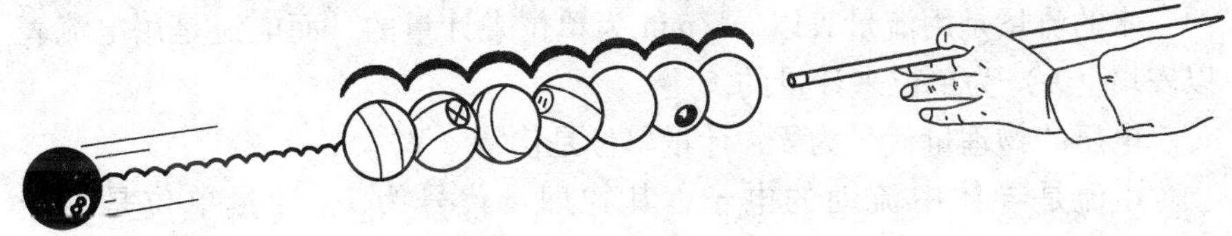

图1-2 冲击力的传递

为使电子流动，必须为其提供一个路径，可以将这种路径（电路）想象成一个从电源（电池正极）开始转一圈又返回电源（电池负极）的环路。电子在某些物体中移动比在其他物体中移动更容易些，这些物体（如铜、铁和铝等）可形成很好的电子移动路径，所以被称作导体。

由于铜具有很好的导电性，它被广泛应用于汽车电气设备。铜原子核中含有29个质子，其最外圈的单个电子并非被牢牢地吸住，而是很容易地脱离原子核的束缚，从而成为自由电子。导体原子最外电子层有1个、2个或3个电子，而绝缘体则有5个，甚至更多。

与导体相对的是绝缘体。绝缘体原子里的电子被牢牢吸在轨道里，很难或不可能产生电流，这些材料（如橡胶、木头、胶木及陶瓷等）都具很好的抗电性能或“绝缘强度”。介于绝缘体和导体之间的材料产生电流的难易程度亦介于两者之间。所有导体都对电流产生一定的电阻，电阻的成因是材料的组成或材料的物理形状。

1. 电压、电流

电压是导致电子在导电体内流动的一种电力或压力。如图1-3所示，电压是一种电压力。

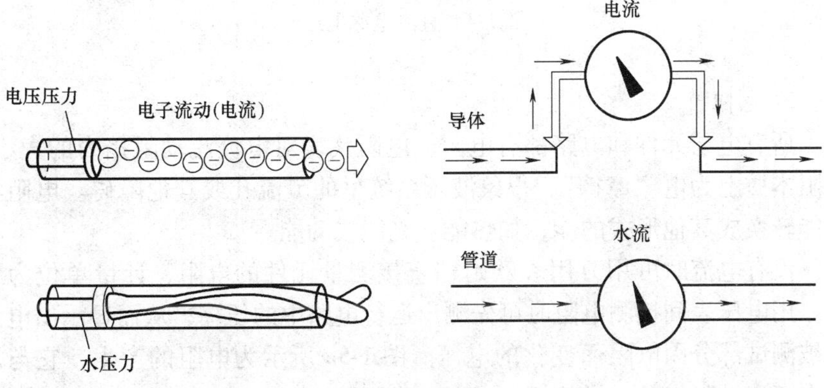

图1-3 电压

也可认为电压是电路两点间的“电动势”差，当电路无电流流动时电压依然存在。

电流只在含有很多自由电子的物体中流动，这些物体被称为导体。电流是对在导体里移动的电子流的称谓。就如管子里的水由水压推动一样，导线里的电流则被电压推动，如图 1-3 所示。电流有直流与交流之分。如果电流大小、方向、不随时间变化的，则为直流电，反之为交流电，汽车中应用的是直流电。

水的流量是用流量表以 m^3/min 为单位来计量的，而电流是用电流表以安培（A）为单位来计量的。

电压的物理量代号为 E，计量单位是伏特（V）。

电流是导体中流动的电子，其物理量代号为 I，计量单位是安培(A)。

在汽车中，电压来自蓄电池、交流发电机或发电机，如图 1-4 所示。蓄电池里的化学反应在正、负端子间产生一种电位（电动势）差，交流发电机和发电机将机械能转化成电能（电动力或电压）。

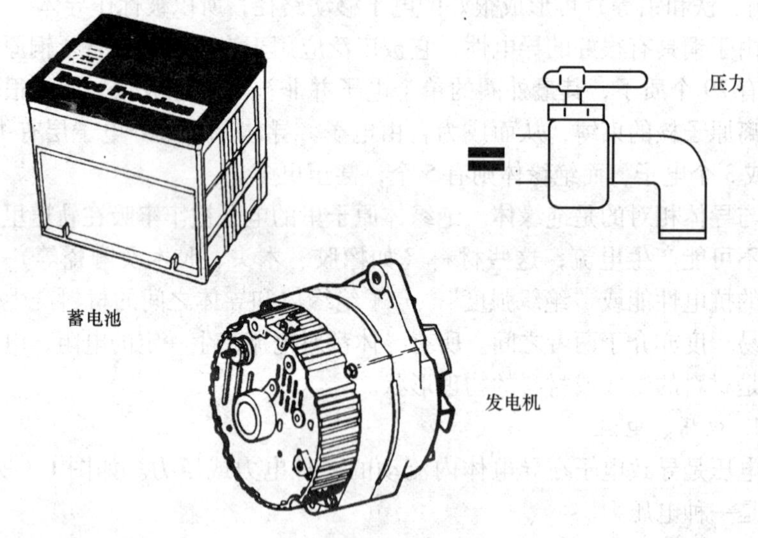

图 1-4　直流电源电压

2. 电阻

所有电子元件和电路都有电阻。电阻代表对电流流动阻挡力的大小。电阻本质上为电“摩擦”，很象液压系统里的节流孔或其他障碍。电阻将电能转换成其他形式的能，如热能、光能或动能。

没有电流时可用万用表欧姆档直接测量元件的电阻，计量单位为欧姆。用电压表间接测电阻时可先测出运行电路中的压降，从而显示出电路里被测试部分因电阻而变化的电压。图 1-5a 所示为电阻的产生，它与水流中产生的阻力是一样的。

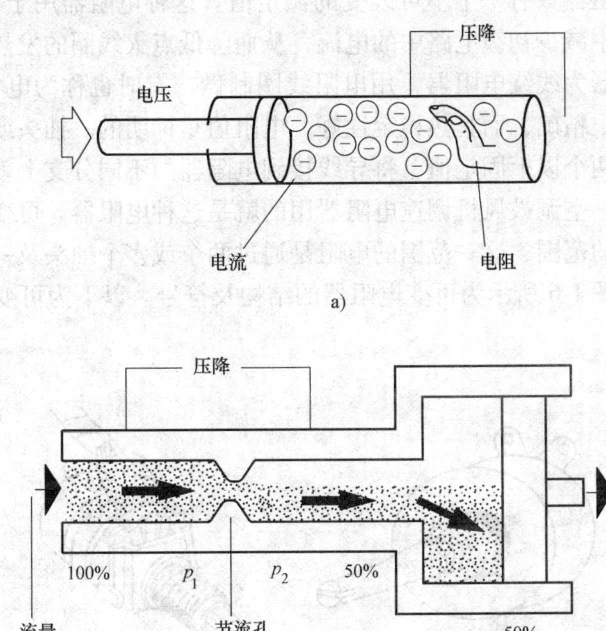

图 1-5　电阻的产生

导体电阻取决于 5 种因素：原子结构、长度、横截面面积、温度、物理状态。

$$R=\rho L/S$$

ρ 代表电阻率，L 代表长度，S 代表导线横截面积。另外，一般情况下温度越高，电阻越大（负温度系数的材料除外，有些材料随温度升高而下降，如汽车上用的温度传感器）。有时导线的物理损坏也会影响电阻，如刻伤或剪伤，使电阻增加。表 1-1 为几种常见导体的电阻率。

表 1-1　几种常见导体的电阻率

材　料	电阻率 ρ(20℃)/$10^{-6}\Omega\cdot$M	电阻率的温度系数 a(20℃)
银	0.0159	0.00380
铜	0.0175	0.00393
铝	0.283	0.00410
铁	0.0978	0.0050
钢	0.13～0.15	—

电阻器是用来限制电流的。在电气系统中采用 3 种基本类型的电阻器：固定电阻器、分级或抽头电阻器、可变电阻器。不同型号的电阻器采用不同符号。

固定电阻器只有一个不可改变的额定值。这种电阻器用于控制电流，如点火系统中减少初级电路中的电流，从而降低点火线圈的发热量。常见的固定电阻器为线绕电阻器，用电阻线圈制做，有时也称为电力电阻器。这种电阻器很精确，而且热稳定性好，电阻值是标明的。抽头或分级电阻器有两个或两个以上固定值，将导线接到电阻器的不同分支上就可得到不同的固定值。空调鼓风机调速电阻器用的就是这种电阻器。可变电阻器的电阻有一定的范围，这一范围的电阻是通过两个或多个抽头及一个控制装置得到的。图 1-6 所示为可变电阻器的结构及符号。以下为可变电阻器的 3 个实例。

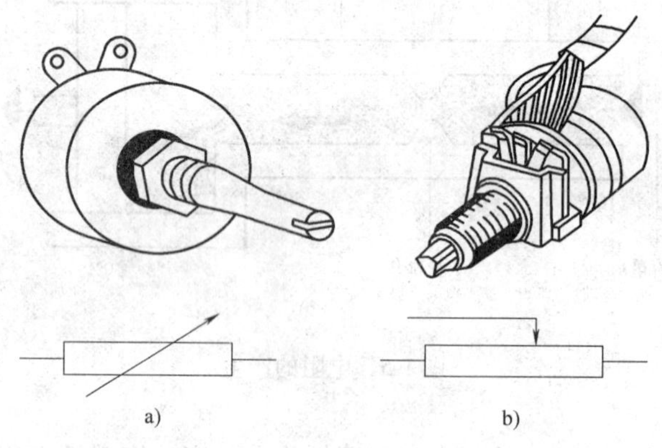

图 1-6　可变电阻器的结构及符号

（1）变阻器　变阻器有两个接头，一个接头与电阻器的固定端连接，另一个接头与电阻器滑动触点连接。转动控制装置使滑动触点移开或移向固定端，电阻将逐渐变大或减小。

（2）分压器　分压器有 3 个接头，电阻的两头各有 1 个接头，另一个为滑动触点，与电阻器连接。转动控制装置使滑动触点从一个固定电阻端移向另一个固定电阻端。这种分压器普遍用于车辆的节气门位置传感器。

（3）热敏电阻器　热敏电阻器是随温度的变化改变电阻的。NTC 电阻为负温度系数电阻，在大多数汽车电路中热敏电阻器的电阻值随温度的增加而减小，例如冷却液温度传感器、进气温度传感器等。PTC 电阻为普通的热敏电阻，图 1-7 所示为热敏电阻器特性。

电阻的物理量代号为 R，计量单位欧姆（Ω）。

3. 欧姆定律

早在 19 世纪，乔治·西蒙·欧姆便通过实验证明了存在于电压、电流及电阻之间非常精确的关系。人们称这种关系为欧姆定律，其表述如下：电路的电流与电压成正比，与电路电阻成反比。其相互关系如图 1-8 所示。公式表示为：$U = RI$。

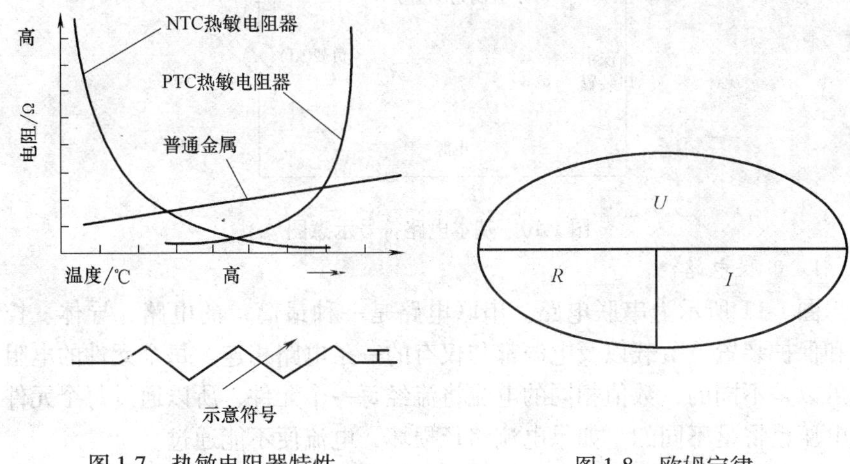

图 1-7　热敏电阻器特性　　　　图 1-8　欧姆定律

二、电路理论

电路一词源出于拉丁语“araun”，意思是“走一圈”。韦伯斯特将电路解释为“电流路径”。当两端不等的电荷通过导体相连时，便可形成完整的电流路径。完整的电路（路径）由导体和供电电源路径组成。

电路有多种多样，但都有相同的基本元件。电源（蓄电池或发电机）产生电压或电动势，导体（电线、印刷电路板）提供电流路径，工作装置或负载（灯、电动机）将电能转换成工作所需的能源，控制部件（开关、继电器）开关电源，保护装置（熔丝、电路断路器）在电流过大时中断供电。电流太大现象称为过载，它会损坏导体和工作装置。图 1-9 所示为基本电路，也可用符号表示电路，如图 1-10 所示。

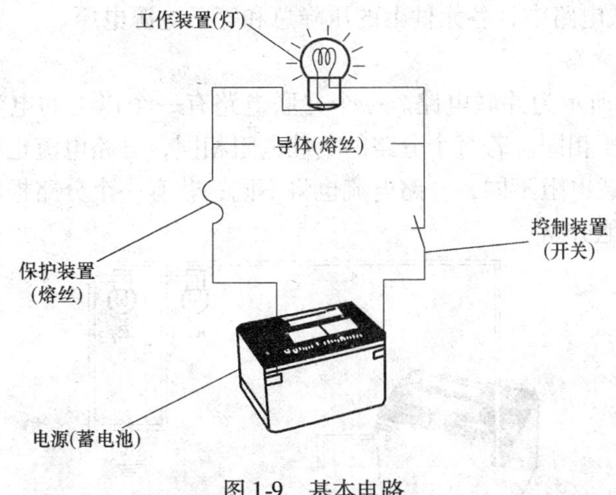

图 1-9　基本电路

通常有 3 种基本电路：串联、并联和混联。人们可根据电源、导体、负载以及控制或保护装置的连接情况，来确定是哪种类型的电路。

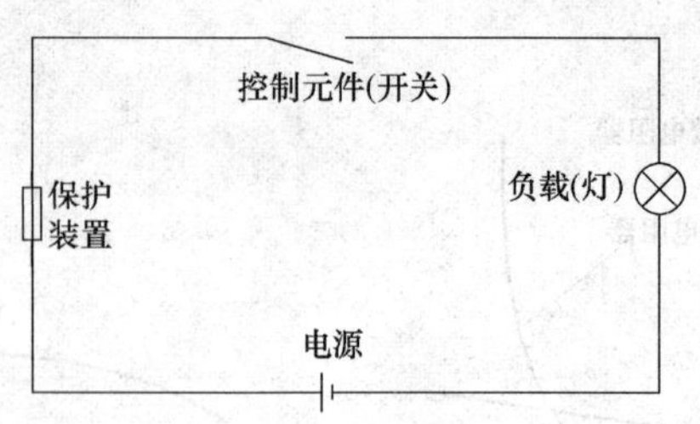

图 1-10　基本电路符号示意图

1. 串联电路

图 1-11 所示为串联电路。串联电路是一种最简单的电路，导体、控制和保护装置、负载以及电源都与仅有的一条电路相连。每个元件的电阻都可以是不同的，数值相同的电流将流经每一个元件，所以通过每个元件的电压也将是不同的。如果电流路径损坏，电流便不能通过。

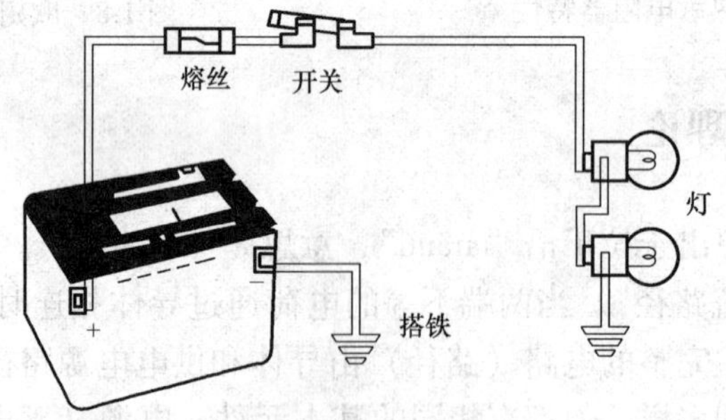

图 1-11　串联电路

串联电路的特点：

1）串联电路中，每一点的电流都相等。

2）串联电路的总电阻等于各电阻之和。

3）串联电路中，各元件上的压降总和等于电源电压。

2. 并联电路

图 1-12 所示为并联电路。一个并联电路有一个以上的电流通路，每个分路的电压相同。若每个分路的负载电阻相同，分路电流也将相同；若分路里的负载电阻不同，分路电流也将不同；若有一个分路损坏，电流将继续流往其他分路。

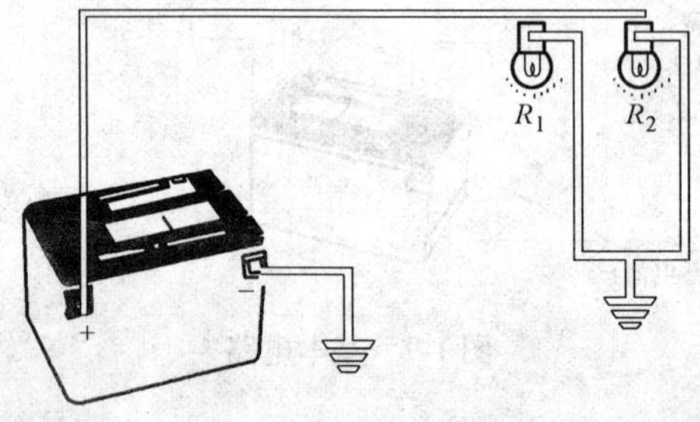

图 1-12　并联电路

并联电路的特点：

1）并联电路中，通过各分路的电压相同。

2）并联电路中的总电流等于各分路电流之和。

3）并联电路中，总电阻的倒数等于各元件电阻倒数之和，且总电路小于分路电阻。

3. 混联电路

图 1-13 所示为混联电路。在混联电路里，有些元件为串联，有些元件为并联。电源及控制或保护装置通常为串联，负载通常为并联。串联电路里电流相等，而在并联电路中则不相等；并联电路里元件的电压相等，而在串联电路里则不等。若串联部分损坏，整个电路将断开；若并联分路损坏，电流仍将可以流过串联电路和未断开的分路。

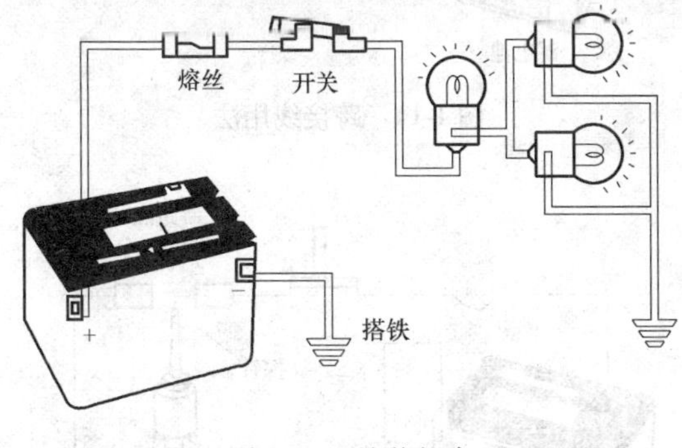

图 1-13　混联电路

三、检测工具、仪表及测试灯

1. 跨接线

如果使用得当，跨接线将是简易而有效的检测工具。通过使导线“跨接”一个被怀疑为是开口或断口的电路，从而将其连通。这实际上是一种导通性检测。通常使用带熔丝的跨接线。

采用跨接线时，它是用已知的导体替代可疑的故障部位。如果采用跨接线时电路运行正常，不用则不正常，这表明跨接范围内存在断口。跨接线应只用在无电阻元件的那部分电路上使其旁通，如开关、接头及导线段。图 1-14 所示为跨接线用法。

切勿在灯、电动机、点火线圈及任何负载上使用跨接线。这么做会减少电路电阻，导致电流增大，而大的电流将会损坏线束和元件。

2. 测试灯

汽车上使用的测试灯有两种：测电压的测试灯和测电路导通性的有源测试灯。测电压测试灯为带有一对导线的 12V 灯泡。其中一根导线接地后，再将另一个导线与电路上任何一个应有电压的点连接。若灯泡亮，说明被测试的点上有电压。测试方法如图 1-15 所示。

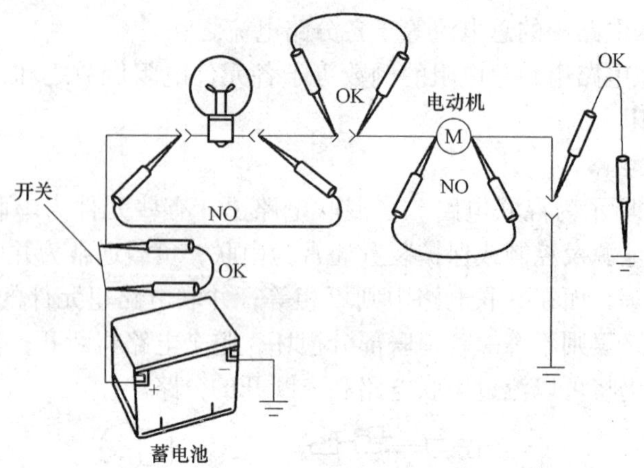

图 1-14　跨接线用法

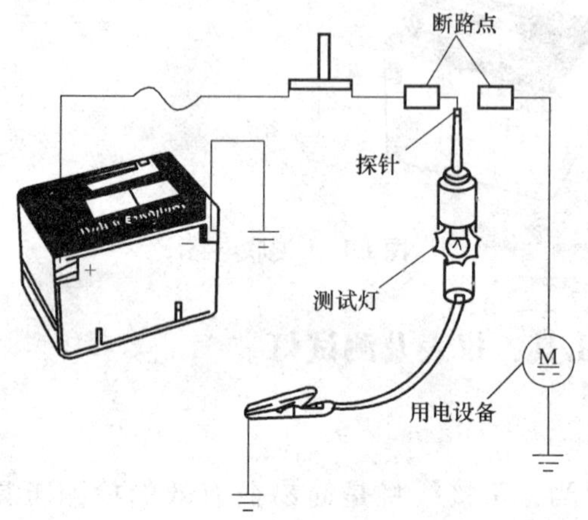

图 1-15　测试灯测试电压

有源测试灯可检测电路的导通性。此工具由灯泡、蓄电池和两条导线组成，当两根导线碰在一起时灯泡即亮。有源测试灯只用于未接通电源的电路。先断开汽车上蓄电池或拆下保持电路运行的熔丝；沿电路选定应是导通的两点，将有源测试灯的两条导线分别与两点相连，如果是导通的，说明测试灯测试的电路是完整的，灯泡即亮。

使用有源测试灯时，电路电源必须关闭，如果将测试灯与“带电”回路相接，大电流会损坏测试灯内的灯泡。包括固态控制模块在内的电路数量不断地增加（用于电脑指挥控制和电子燃油喷射的电子控制模块

（ECM）正是其中一种），只能用 10MΩ 及更高阻抗的数字式电压表或万用表来测试这些电路的电压。在电子电路中使用有源测试灯可能会损坏一些电子元件。

采用只有 100Ω 电阻的测试灯测试固态电路时，会因其电阻小而成为电路的负载，并将改变电路，从而有可能产生错误读数。另外，导入过多的电流也会损坏固态电路。但采用电阻很大的二极管测试灯时，在测量经过一些用电设备（如灯）后的电压时，测试灯亮，但用电设备不会工作，这是因为用电设备与测试灯是串联的，根据串联电路的特点，由于测试灯电阻远远大于用电设备，几乎所有电源电压加在了测试灯上。

3. 万用表

现在万用表的种类很多，但汽车上专用的万用表基本上有这些测量功能：测量电阻、电流、电压、温度、晶体管测试、转速、频率等。图 1-16 所示为万用表的一种。

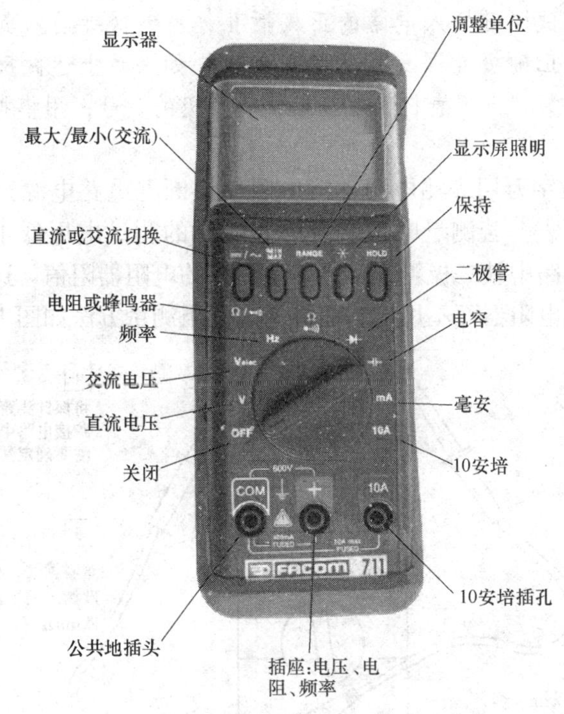

图 1-16 典型万用表

（1）用数字万用表测电压 对电路的检测往往都是从检测电源电压是否正常开始的。如果检测结果为无电压或电压过高、过低，应首先使电压正常后再去作进一步检测。测试电压时，数字万用表在串联电路中的连接、测量方法如图 1-17 所示。

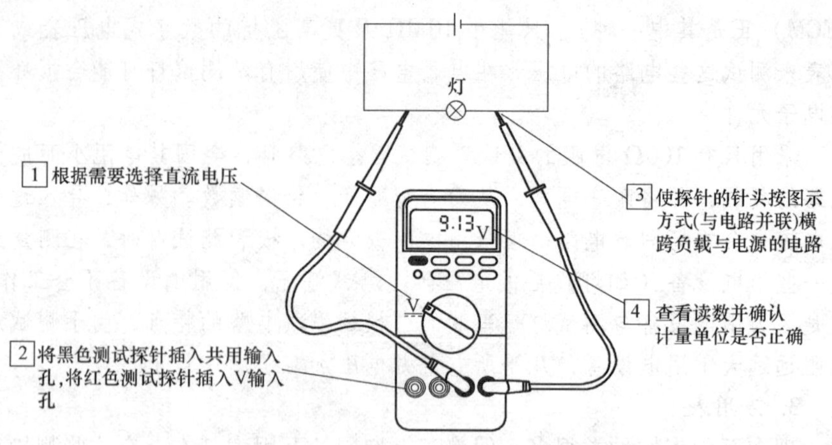

图 1-17　测量电压的方法

将红色测试探针插入电路的正极插孔、黑色探针插入负极插孔或接地，便可测得正确极性（±）的直流读数。如果对上述做反向连接，带有自动极性的数字万用表将仅仅显示代表负极的负号；用模拟表时则会损坏万用表。

（2）用数字万用表测电阻　测电阻时应断开电路电源，否则将会损坏电路和万用表。若测量时数字万用表提供的测试电压低于直流 0.3V，就可测试在电路中被二极管或半导体阻隔开的电阻器阻值。这通常可以在电路板上测试电阻器而不用将它们拆下。电阻测量方法如图 1-18 所示。

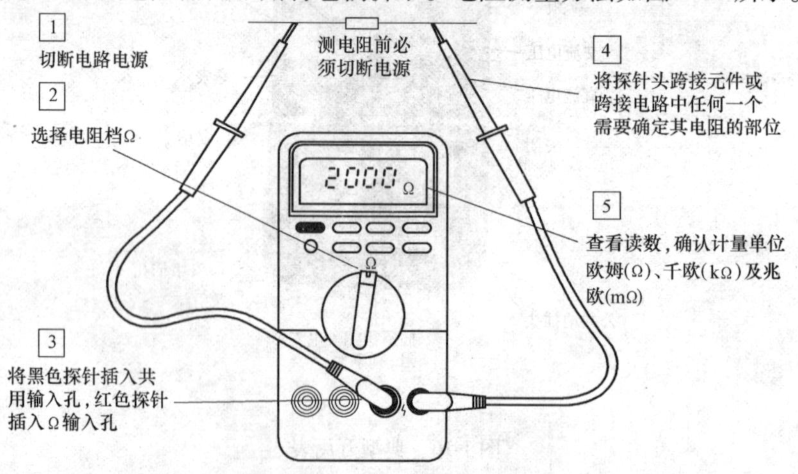

图 1-18　电阻测量方法

（3）导通性检测　导通性检测是一种连通/断开电阻测试，以区别断路和通路。采用带有通路信号装置的数字万用表进行通路测试，既快又容易。当测到通路时，万用表会发出嘟嘟声，不用查看即可知道。不同型号的数字万用表对引发其发出嘟嘟声的电阻值的要求也不尽相同。

（4）二极管检测　二极管就像一个电子开关，当电压超一定值时（一般硅二极管电压为0.6V）二极管导通，使电流沿一个方向流动。有些万用表具有一种特殊状态，被称做二极管测试。在这种状态下，从一个方向跨接二极管的测量值应为0.6V到0.7V，换相反方向测试时，显示断路，这样的二极管工作状况良好。若两次读数均显示断路，则二极管为断路；若两次读数显示通路，则二极管为短路。

（5）用数字万用表测量电流（安培）　用数字万用表测量电流与测量其他参数不同，电流是串联测量，而电压或电阻是并联测量；要测量的全部电流都流经电流表，而且测试导线必须插进万用表的不同的输入插孔。电流测量方法如图1-19所示。

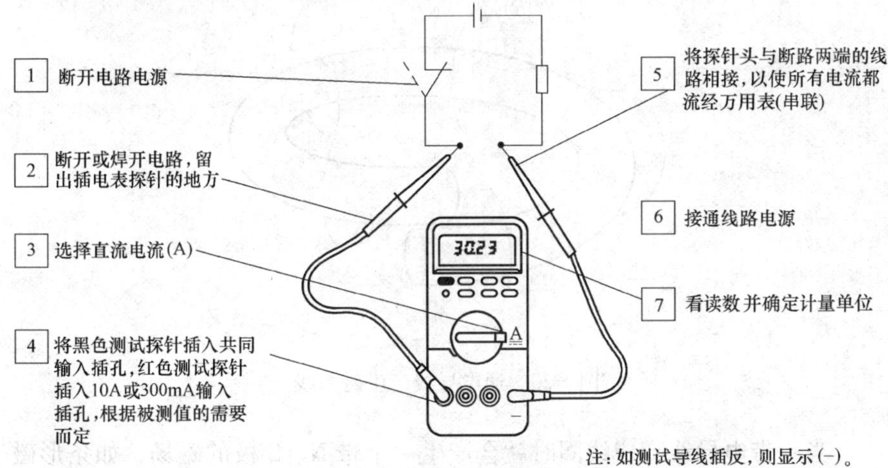

图1-19　电流测量方法

一般情况下，万用表有两个测试电流的孔，一个是安培档，一个是毫安档。在不明确被测电流大小的情况下，先用安培档。测试导线还留在电流输入插孔中就去测量电压，这是常出现的错误，这样电源电压会直接经过万用表内的低值电阻而导致短路。

四、磁力

磁力对交流发电机、点火线圈和起动机而言是不可缺少的。实际上，电气设备中只有灯和点烟器的工作与磁力无关。异性磁极相互吸引，同性磁极相互排斥。N极吸引另一块磁体的S极，但排斥另一磁体的N极，磁力线可以穿过所有物质（尚未发现磁的绝缘体）。磁力线容易穿过可以磁化的物质（如铁或钢），但在通过空气或“气隙”时较难。硬质合金钢可用于制作永久磁铁，磁化后的硬质合金钢能保持很强的磁性。

磁力可以从其表现和作用方式来解释。最简单类型的磁体为永久性条形磁铁，磁力线从磁铁的N极进入S极。磁场是指所有磁体的外部空间，包括磁力线。

1. 电磁

电流一旦流过导线，导线周围就会产生磁力线。这些磁力线在导线周围形成小的同心圆，如图1-20所示。这些环形磁力线没有磁极，即没有N或S极。把导线做成线圈状并在导线中通入电流，导线周围会产生磁力线，但这时每条圆形磁力线从导线圈的一边进入另一边，即这些磁力线都穿过线圈中心，这就形成了一个带有N极和S极的弱电磁体。这些磁力线从N极离开线圈，沿线圈外部流动，从S极重新进入。

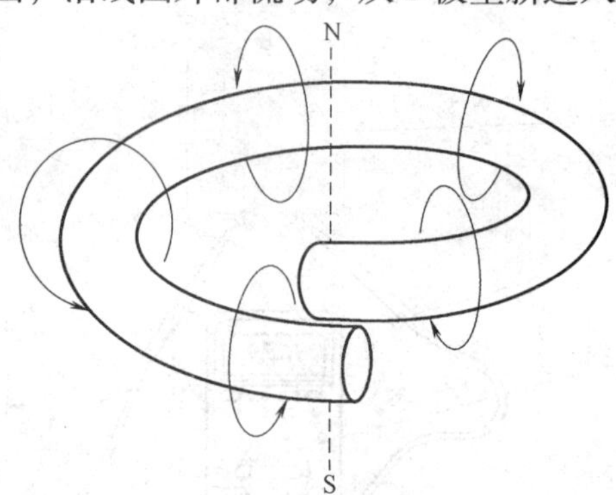

图1-20　通电导线产生磁力线

当一带电导线变成线圈时就会产生一个带N、S极的磁场，如条形磁铁一样。如果将一铁心放入线圈中，磁场会变强，因为磁力线穿过铁比穿过空气要容易得多。一根铁心能使磁场强度增大2500倍，如图1-21所示。这种称为电磁体的结构在发电机中得到应用。继电器、发电机等使用绕成很多匝的载流导体以及放在其中的一块称为极心的铁心，用以产生强磁场。

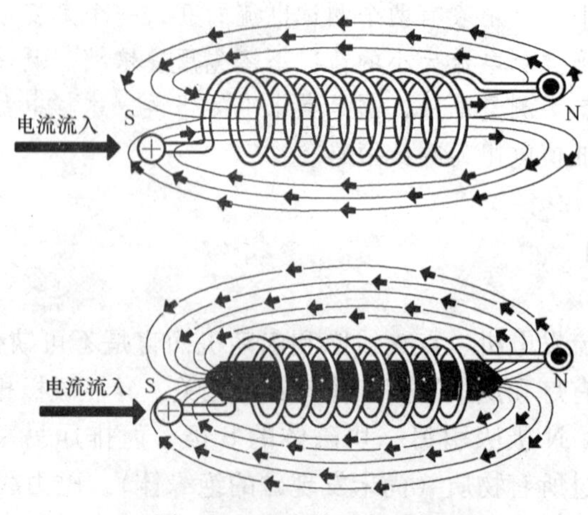

图1-21　通电线圈的磁场

2. 电磁感应

当电流通过导线时，导线周围会产生磁场，这种作用是可逆的。当磁场及磁力线穿过并做切割导线或导体运动时，导体中有电压产生。这可以通过将导体与灯连接来演示，当磁场做穿过并切割导体快速运动时，灯泡会发光。

磁力线通过导体产生电压的过程称为电磁感应。磁场和磁力线做切割导体的运动或导体做切割磁场的运动并没有什么区别，只要两者间有相对运动，导体中就会有感应电压。在交流发电机中，磁场运动而导体静止。在发电机中，导体运动而磁场静止。

五、二极管半导体

半导体是电子元件，一般是由硅砂或锗制成的。简单的半导体如二极管、LED（发光二极管），一般只是改进的开关。普通二极管就象电流的单向阀，即电路的极性正确时接通（ON），当极性反接时则断开（OFF）。二极管工作原理如图 1-22 所示。

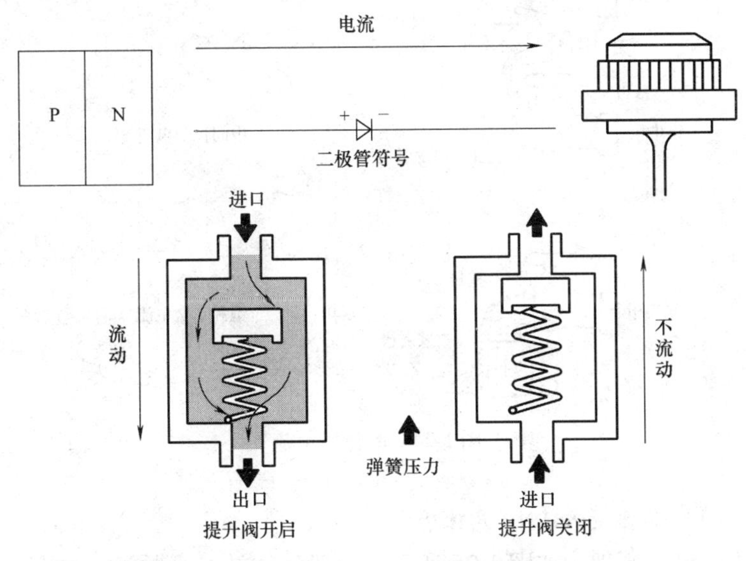

图 1-22　二极管的工作原理

六、晶体管

由于数字电路和电控单元控制装置的优点，继电器和开关越来越多地被晶体管取代。

电控单元必须能够开关许多电路，而做到这一点的唯一方法是用一个小电信号（电压）。晶体管可以行使开关的功能而无需“手指”。晶体管工作原理与液压开关相似，如图 1-23 所示。

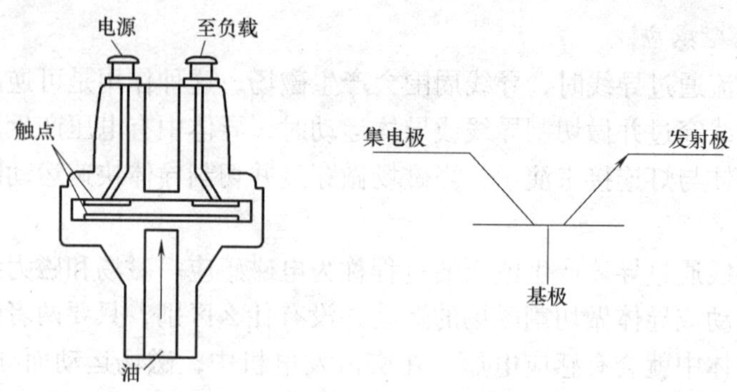

图 1-23　晶体管和液压开关比较

1. 晶体管电流

晶体管电流就像一个水龙头，水龙头拧开（基极路径）越大，水龙头（集电极/发射极路径）流出的水就越多，如图 1-24 所示。因此，晶体管也可以做为放大器使用。

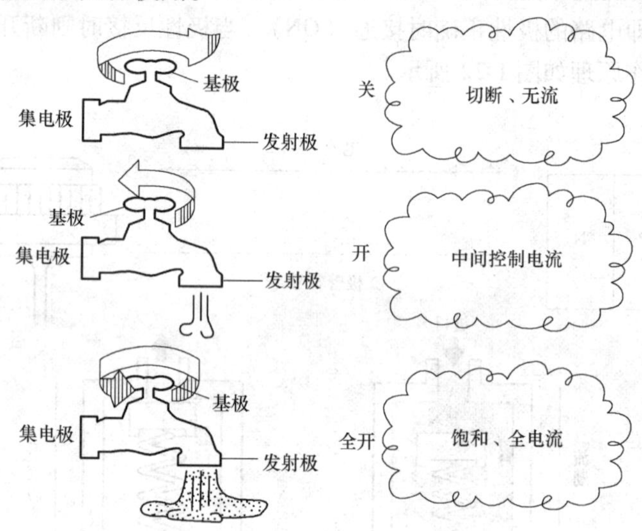

图 1-24　晶体管电流

2. NPN 晶体管和 PNP 晶体管

（1）NPN 原理　如图 1-25 所示，一股液体被 C 所堵截，如另一股流量较小的支流 B 刚打开该阀，则 C 与 E 之间就能导通。

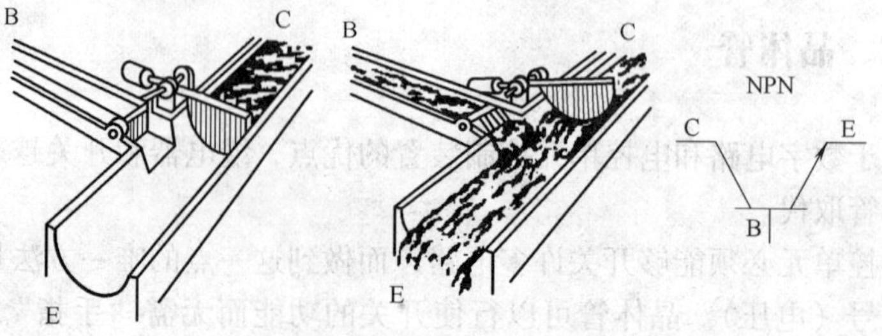

图 1-25　NPN 原理

（2）PNP 原理　如图 1-26 所示，如一股较弱液体刚打开发送端与触发端的阀门，则发送端与接收端流体导通。

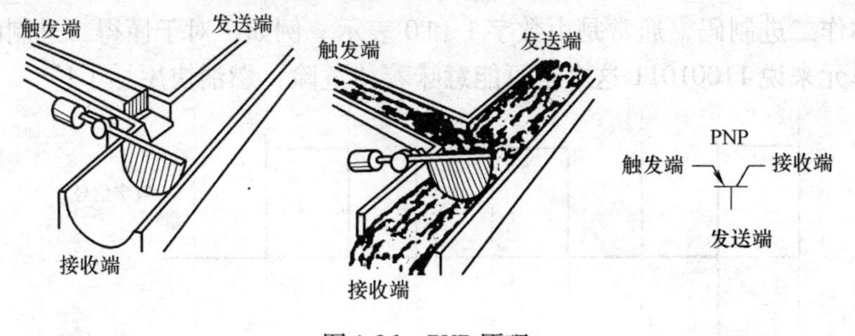

图 1-26　PNP 原理

七、车载电控单元

微处理机及其相关元件，如存储器芯片和接口，构成微型电控单元，它可以从汽车传感器和其他部件接收信息，依据信息作出决定，根据决定采取行动。微处理器进行计算并做出决定，其他部件对微处理机进行支持。

汽车电控系统中的小型电控单元通常被称为“黑匣子”。当它们不能工作时，只能更换，而无法修理。判断它们是否能够正常工作或需要更换，只能依据经认可的故障检查程序和维修说明来进行。

1. 电控单元对话方法

电控单元是利用电压进行对话的。电压信号是通过改变电压电平、改变电压脉冲形状或改变信号开关电平的速度来传递信息的。另外，电压使电流流向工作装置，如电磁阀、继电器和灯等。

电控单元的对话涉及两种信号：模拟信号和数字信号。模拟信号是连续可变的，可以是给定范围内的任何电压。数字信号与之相比则具有一定的数值，通常仅有两个数值，无法代表数值之间的任何值。模拟信号用于在一个范围内不断变化的信息，例如温度或压力。数字信号用于在对两者之间进行选择的时候，例如，一或零、是或否、开或关、高或低等。模拟信号与数字信号的比较如图 1-27 所示。

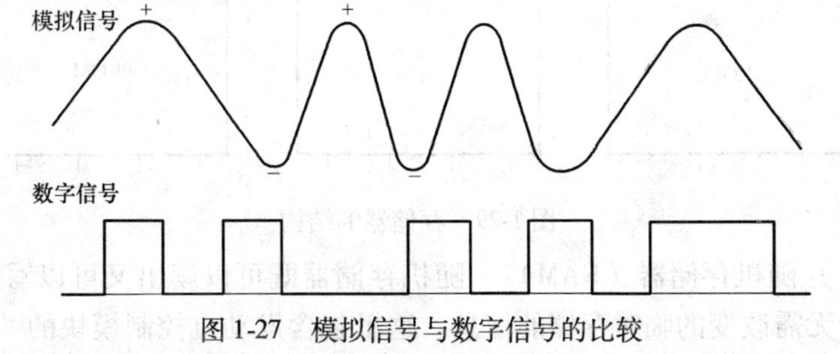

图 1-27　模拟信号与数字信号的比较

电控单元将一系列的数字信号串连起来，组成被称为“字”的有用的联合体，这与老式 Morse 电报码通信系统相似，但是速度要快得多。每个数字信号都称作“位”，8 位组成一个字，如图 1-28 所示。在使用中，被称作二进制码，通常是由数字 1 和 0 表示。例如，对于懂得二进制的电控单元来说 11001011 这个字可能意味着“危险，燃油快用尽了!”。

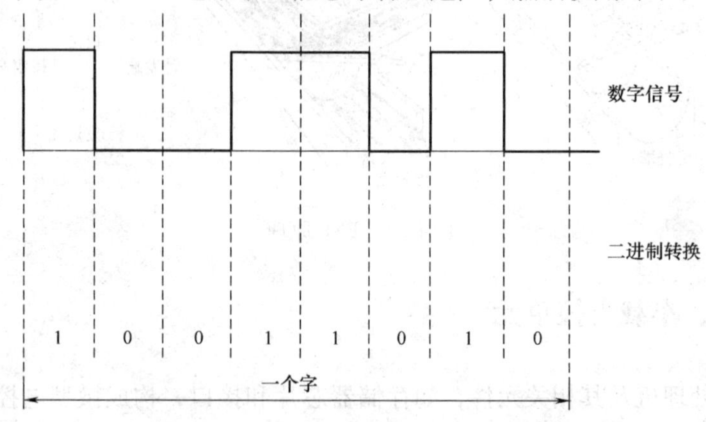

图 1-28　电控单元的字，二进制码

2. 电控单元的存储器

电控单元能够存储二进制码信息，当需要这些信息时，可以将它们传递到懂得二进制的其他电子装置。信息是存储在被称做存储芯片的很小的电子装置上。这些存储是专用的。其中一类是只读存储器（ROM），它具有不能改变的永久信息。制造电控单元的时候，控制微处理器的程序就存储在只读存储器中。微处理器可以阅读这些存储器指示，但无法写入新信息。存储器的结构如图 1-29 所示

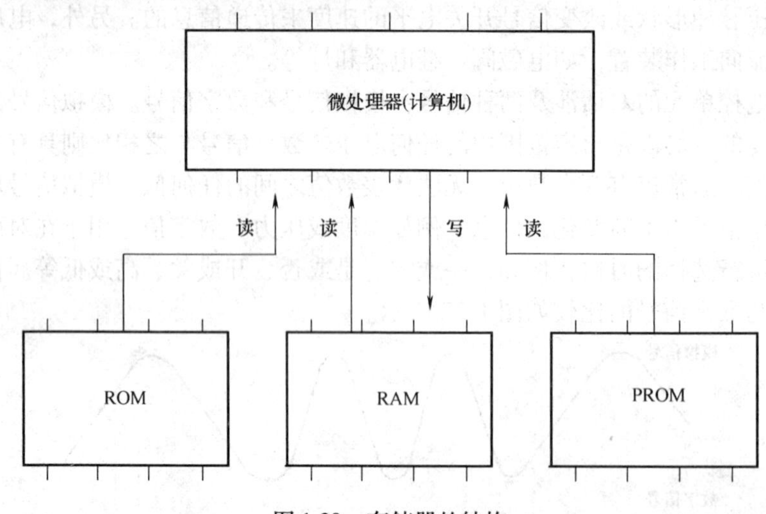

图 1-29　存储器的结构

（1）随机存储器（RAM）　随机存储器既可以读出又可以写入，经常用于无需改变的临时存储的信息。这里包含发动机控制模块的“学习”部分。例如，如果微处理器接收到一个测量信息，需要它做出几种不同的决定，那么它会将这个测量信息写入随机存储器，当每次需要时，再将其

读出。

（2）可编程只读存储器（PROM） 可编程只读存储器（PROM）与只读存储器相同，仅能读出而无法写入；但是又不同于只读存储器，可编程只读存储芯片可以从电控单元中取出，再装入一个带有不同程序的新芯片。在汽车电控单元系统中，可以使用可编程只读存储器向该系统加入新的信息而不用改变原有程序。例如，电子控制模块的可编程只读存储器存储着不同车型的不同特性。

（3）电可擦可编程只读存储器（EEPROM） 电可擦可编程只读存储器是一种可编程只读存储器，它能够被电子重新编程而不需要将其从汽车中取出。对其重新编程时需要专门的工具。

（4）存储校准器（MEM-CAL） 存储校准器于 1986 年应用于一些车型，它取代了可取出的可编程只读存储器。存储标准器由一个可编程只读存储器和一个用于燃油备用的校准包组成。

3. 接收、存储和检测输入信息

需要电控单元作出决定时，电控单元要对每个存储的输入信息进行判断。有时做出某些决定是很简单的。例如，当发动机冷却液温度高到一定程度时，冷却液温度/风扇指示灯就亮起；电控单元需要做的是观察温度，将其与程序中的设定值加以比较。其他的决定要复杂得多。例如，在电控单元接通空调压缩机之前，它需要检查发动机若干情况、压缩机若干情况、驾驶员要求的状态及车外空气温度等。一般来说，做出决定的过程需要进行计算、比较和检查。这个步骤被称为数据处理。

4. 电控单元输出信号

在数据处理步骤之后，电控单元可以发出若干输出信号。电控单元可以向显示盘发信号，以便驾驶员得到发出的信息。它也可以向发动机控制模块发出信号，使发动机电控单元了解它有关的工作状态。通常，电控单元也向执行器发出信号，以执行其决定。

任务一 完成电学基本理论中应知部分

1. 下列哪种物质可在原子间互相运动？

☐ 电子 ☐质子 ☐中子

2. 用自己的语言表达电阻的产生。

____

____

____

3. 1 安培表示什么意思？

____

4. 电流的种类有哪两种，用在汽车上的是哪种电流？

____

5. 计算图1-30中各点的电位（蓄电池电压为12V）。

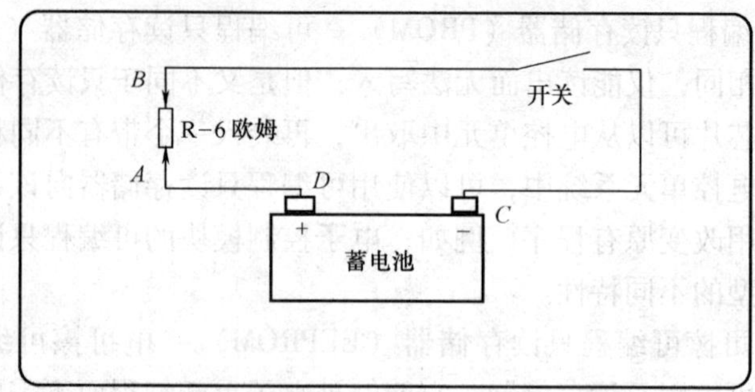

图1-30 电位练习

1）开关打开时：A点电位V_a=　　，B点电位V_b=　　，C点电位V_c=　　，D点电位V_d=　　。

2）开关关闭时：A点电位V_a=　　，B点电位V_b=　　，C点电位V_c=　　，D点电位V_d=　　。

6. 汽车中能施加电压的有：

7. 根据图1-31完成问题。

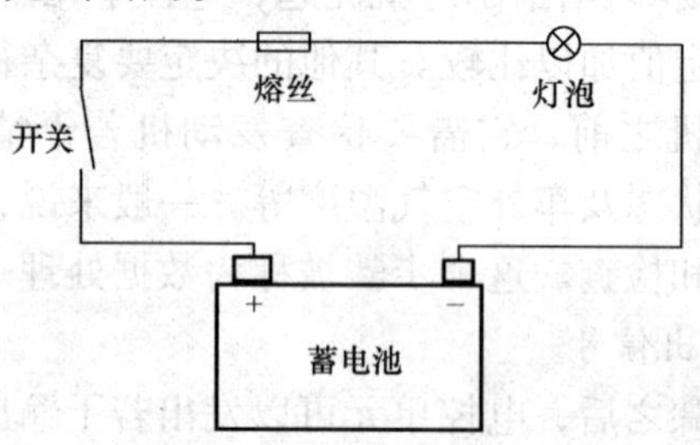

图1-31 欧姆定律练习

1）已知蓄电池电压为12V，灯泡电阻为3Ω，I=________A。

2）已知蓄电池电压为12V，灯泡额定功率为21W，I=________A。

8. 把图1-32中各元件，连接成一个串联电路。

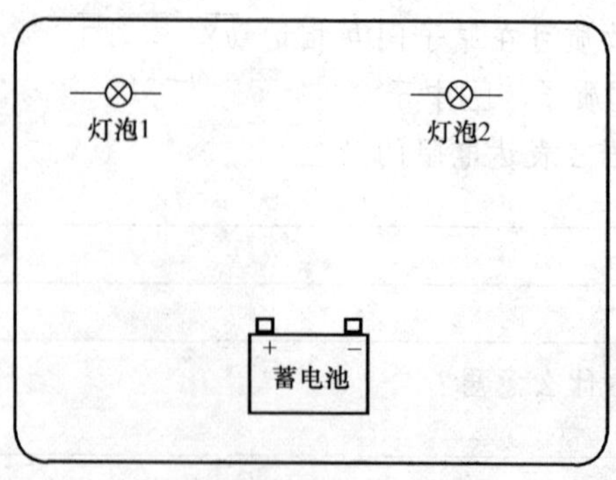

图1-32 连接串联电路

9. 把图 1-33 中各元件，连接成一个并联电路。

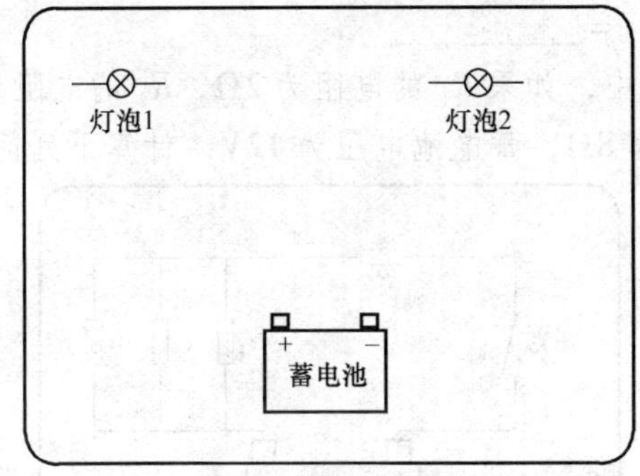

图 1-33　连接并联电路

10. 把图 1-34 中各元件，连接成一个混联电路。

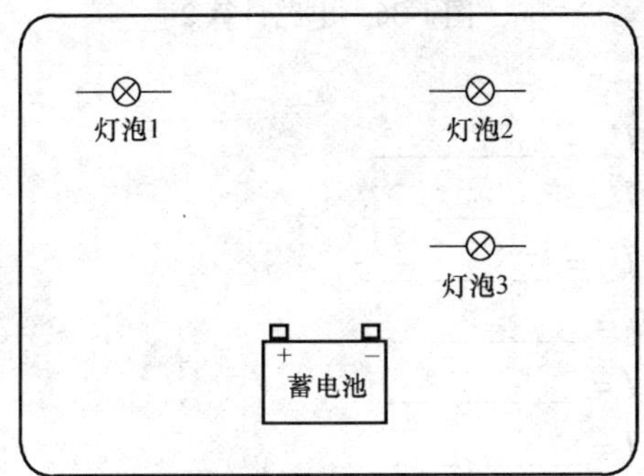

图 1-34　连接混联电路

11. 在图 1-35 中，如果 R_1 的电阻为 2Ω，R_2 的电阻为 4Ω，R_3 的电阻为 4Ω，蓄电池电压为 12V，计算下列问题。

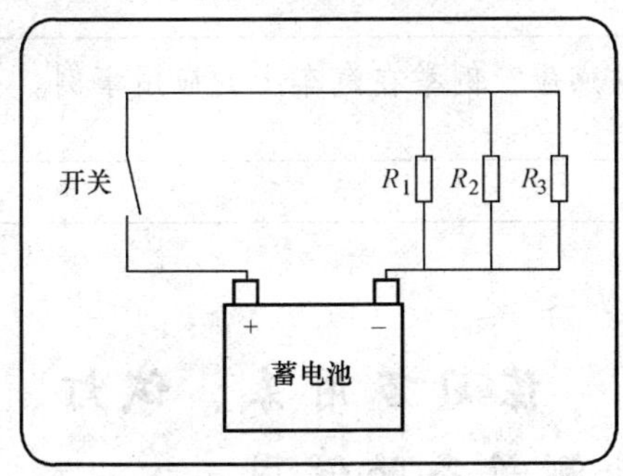

图 1-35　电路计算 1

1）R_1 的电压 U_1 = ____________

2）R_2 的电压 U_2 = ____________

3）R_3 的电压 U_3 = ____________

4）R_1 的电流 I = ____________

5）R_2 的电流 $I=$__________

6）R_3 的电流 $I=$__________

12. 在图 1-36 中，如果 R_1 的电阻为 2Ω，R_2 的电阻为 4Ω，R_3 的电阻为 4Ω，R 的电阻为 8Ω，蓄电池电压为 12V，计算下列问题。

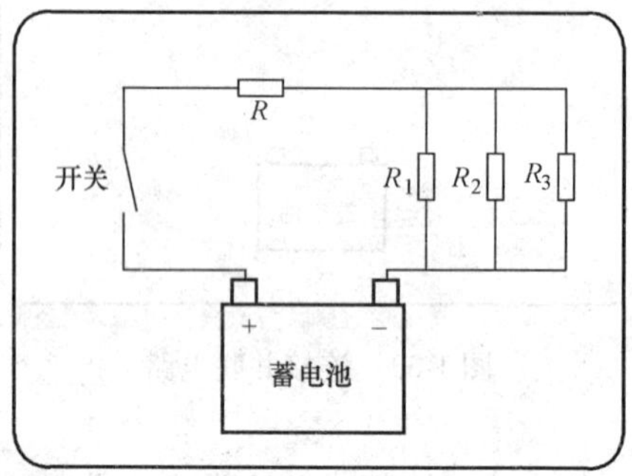

图 1-36　电路计算 2

1）R_1 的电压 $U_1=$__________

2）R_2 的电压 $U_2=$__________

3）R_3 的电压 $U_3=$__________

4）R 的电压 $U=$__________

5）R_1 的电流 $I=$__________

6）R_2 的电流 $I=$__________

7）R_3 的电流 $I=$__________

8）R 的电流 $I=$__________

13. 什么是电磁？例举在汽车上的应用事例。

____

____

14. 什么时电磁感应？例举在汽车上的应用事例。

____

____

任务二　练习万用表、试灯、跨接线等电路系统基本检测设备的使用

1. 练习万用表测量

1）测量一车辆蓄电池电压：______ V。

2）断开蓄电池负极，测量打开车辆小灯时的电流 $I=$______ A。

3）测量一车辆冷却风扇的电阻 $R=$______ Ω。

2. 练习用试灯判断电路

1）拔下前照灯线束插接器，开启前照灯近光、远光，转向灯，小

灯，用试灯判断线束中正极、负极线，完成问题。

①打开远光时正极的线颜色：________。

②打开近光时正极的线颜色：________。

③打开转向灯时正极的线颜色：________。

④打开小灯时正极的线颜色：________。

⑤插接器中，负极的导线颜色：________。

2）由指导教师断开其中一导线，用同样的方法步骤判断是哪一根，颜色：________。

3. 练习用搭接线判断电路

指导教师设置制动灯电路故障（不工作），用搭接线跨接开关，检查是否是开关断路，____________。

单元学习鉴定表

单元	任务	鉴定一	鉴定二	学生签字	教师签字	通过日期
单元一电学基础理论	任务一 完成电学基本理论中应知部分	□合　格 □不合格	□合　格 □不合格			
	任务二 练习万用表、试灯、跨接线等电路系统基本检测设备的使用	□合　格 □不合格	□合　格 □不合格			

单元二　蓄电池的维护检测

学习目标

学完本单元后，应具有对蓄电池进行维护检测的能力。为达到以上目的，应掌握以下知识及技能。

1）掌握蓄电池的基本结构与原理。

2）能正确维护蓄电池。

3）能正确检测蓄电池。

4）能跨接蓄电池起动车辆。

学习信息

一、蓄电池的结构和原理

1. 蓄电池的功能

蓄电池的主要功能是：

1）在发动机起动时，给起动机和电子系统供电，从而使发动机起动。

2）当发动机停止运转或低速运转时，给汽车附件（例如照明灯系统）供电。

3）在发动机运转时，起到电容器的作用，吸收电路中出现的过电压，稳定电网电压，以防止过电压损坏电子元器件。

2. 蓄电池的结构

蓄电池一般由3个或6个单格电池串联而成，每个单格电池的电压为2V，串联后电压为6V或12V。目前，国内、外汽车均选用12V蓄电池。蓄电池的结构如图2-1所示。蓄电池的内部结构如图2-2所示。

其中，每个单格电池主要由以下部件组成：壳体、极板（包括正极板、负极板）、隔板、电解液。单格电池的结构如图2-3所示。

（1）正、负极板　正极板与负极板是由极板上粘结的活性物质来决定的。例如现在普遍使用的铅蓄电池，正极板上的活性物质是二氧化铅（PbO_2），呈深棕色；负极极板上的活性物质是纯铅（Pb），呈深灰色。

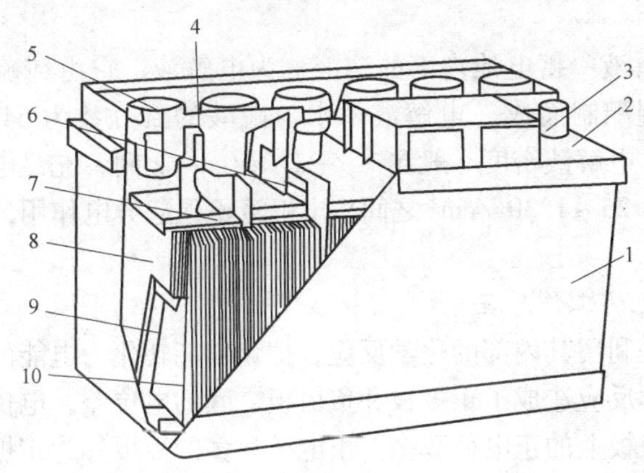

图 2-1 蓄电池的结构

1—外壳 2—单格电池 3—正极柱 4—负极柱 5—加液孔螺塞（其上开有通气孔） 6—穿臂链条 7—连接条 8—负极板 9—隔板 10—正极板

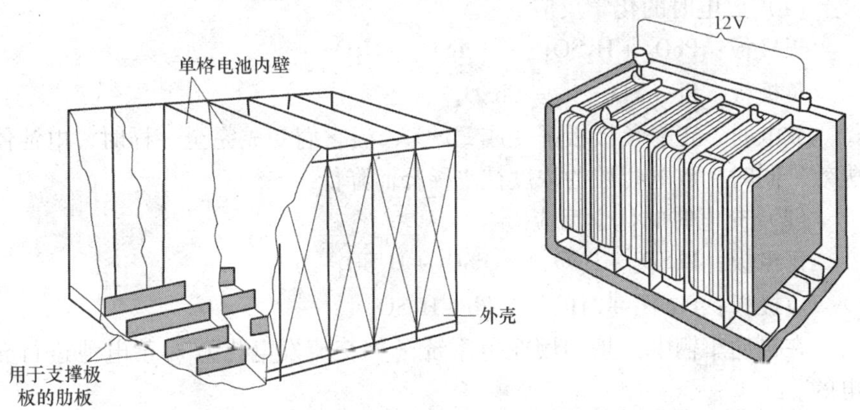

图 2-2 蓄电池的内部构造（有 6 个单格电池）

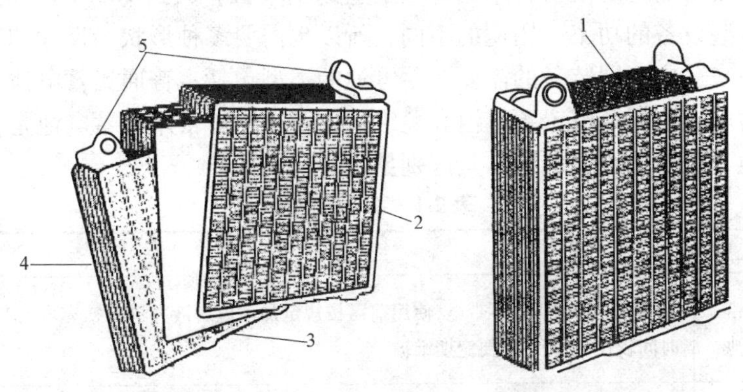

图 2-3 单格电池的结构

1—组装完的单格电池 2—负极板 3—隔板 4—正极板 5—极板联条

（2）隔板　隔板放在正极板和负极板之间，以防止正极板和负极板接触而短路。隔板一般是由多孔的绝缘物质做成的，多孔形状是为了让电解液畅通。

（3）电解液　蓄电池内部的溶液称为电解液。它由纯硫酸与蒸馏水按一定的比例配制而成（电解液中水与硫酸的百分数为64%和36%）。实际使用中，电解液密度一般在1.1～1.3g/cm³之间，充足电后，电解液密度一般在1.26～1.30g/cm³之间。电解液不但起导电作用，而且参与化学反应。

3. 蓄电池的工作原理

蓄电池是利用其内部的化学反应，把化学能转化为电能的装置。蓄电池内部的化学反应造成了正极板和负极板之间的电位差，电位差使一个极板比另一个极板上的正电荷数多。正电荷数多的极板称为正极板，正电荷数少的极板称为负极板。

如果在蓄电池外部用导体（例如导线）把两极板连接起来，由于电位差的原因，在两极板之间就产生了电子（或电流）的运动。

（1）放电时的化学反应

正极板：$PbO_2 + H_2SO_4 \longrightarrow PbSO_4 + H_2O$

负极板：$Pb + SO_4^{2-} \longrightarrow PbSO_4$

放电时，正、负极板都变成 $PbSO_4$，当它们变成完全一样时，电池便失效。同时，放电时酸的浓度被水稀释而降低。

（2）充电时的化学反应

正极板：$PbSO_4 + H_2O \longrightarrow PbO_2 + H_2SO_4$

负极板：$PbSO_4 + 2H^+ \longrightarrow Pb + H_2SO_4$

在机动车辆中，是利用充电系统（如交流发电机）对蓄电池进行充电的。

4. 蓄电池的类型

使用蓄电池的设备，小到可以乘坐的割草机，大到100t的托运卡车，由于这些设备的功率、用途的不同，所以也需要多种形状、尺寸和类型的蓄电池来适应不同装备的需要。蓄电池的类型包括：普通铅蓄电池、干荷电铅蓄电池、湿荷电铅蓄电池和免维护铅蓄电池。常用的蓄电池是普通铅蓄电池、免维护铅蓄电池，其区别见表2-1。

表2-1　蓄电池区别

类　型	特　点
普通铅蓄电池	新蓄电池的极板不带电，使用前需按规定加注电解液并进行初充电，初充电的时间较长，使用中需要定期维护
干荷电铅蓄电池	新蓄电池的极板处于干燥的已充电状态，电池内部无电解液。在规定的保存期内，如需使用，只需按规定加入电解液，静置20～30min即可使用，使用中需要定期维护

（续）

类　型	特　点
湿荷电铅蓄电池	新蓄电池的极板处于已充电状态，蓄电池内部带有少量电解液。在规定的保存期内，如需使用，只需按规定加入电解液，静置 20～30min 即可使用，使用中需要定期维护
免维护蓄电池	使用中不需维护，可用 3～4 年而不需补加蒸馏水，极桩腐蚀极少，自放电少

5. 蓄电池的规格

为了使蓄电池辅助汽车正常工作，要求所采用蓄电池容量的额定值大小适中。这些额定值是由蓄电池内结构决定的。蓄电池的容量是由蓄电池各个极板上活性物质的数量来决定的，这些活性物质与电解液发生化学反应后向负载供电。

现在普遍使用的蓄电池的额定电压有 6V 和 12V 两种。12V 的蓄电池是由 6 个单格电池串联组成的，而 6V 蓄电池是由 3 个单格电池串联组成的。汽车上常用的是 12V 电压。

（1）安・时额定值　一个完全充电的蓄电池在 80℉（26.7℃）条件下能连续 20h 输出稳定电流而电池电压降落不低于 1.75V（对于 12V 蓄电池），该电流值乘 20h 便是该蓄电池的安・时额定值。例如：一蓄电池以 4A 电流连续放电 20h 后其端电压读数为 10.5V，其安・时额定值为：4A ×20h =80A・h。

（2）冷起动能力额定值　冷起动能力额定值是表示蓄电池在一定温度环境下输出规定大小的电流来起动发动机的能力。它是用来判断蓄电池起动能力的标准。这个额定值是通过以下方法来测量的：

1）对 12V 的蓄电池，在 -18℃、蓄电池的端电压不低于 10.5V 的前提下，蓄电池连续给负载放电 30s，在这 30s 内所发出的电流数量即为该蓄电池的冷起动能力额定值。

2）对于 6 伏的蓄电池，在 -18℃、蓄电池的端电压不低于 5.25V 的前提下，蓄电池连续给负载放电 30s，在这 30s 内所发出的电流数量即为该蓄电池冷起动能力额定值。

表示方法：例如 300CCA，它的意思是该蓄电池的起动电流为 300A；400CCA，它的意思是该蓄电池的起动电流为 400A。

（3）储备容量（备用容量）额定值　蓄电池备用容量的额定值表明在汽车充电系统损坏的情况下，在低温条件下，蓄电池使发动机或其他负载（例如点火系统、前照灯和刮水器等）正常工作的能力。蓄电池备用功率的额定值是通过以下方法来进行测量的：

1）对 12V 的蓄电池，在温度为 25℃、蓄电池的端电压不低于 10.5V 的前提下，以 25A 放电电流进行放电，蓄电池所能放电的时间（min）。

2）对6V的蓄电池，在温度为25℃、蓄电池的端电压不低于5.25V的前提下，以25A放电电流进行放电，蓄电池所能放电的时间（min）。

6. 蓄电池的选择

蓄电池的选择是非常重要的。例如，如果能量过小，当汽车起动时，蓄电池的电流就不能满足冷起动电流的需要，导致汽车不能正常起动；由于蓄电池的容量过小，就会导致蓄电池的超负荷工作，进而会缩短蓄电池的预期使用寿命。蓄电池的选择方法如下：

1）选择蓄电池前，使用者应仔细查阅蓄电池生产厂商提供的说明书及蓄电池使用工作手册。

2）选择的通用规则：每16cm^{3}发动机排量需用1A的冷起动电流，一台1.6L发动机至少需要100A的冷起动电流，即100CCA额定值的蓄电池。

注意：这条规则不适用于装有太多电器附件的汽车。

7. 蓄电池的标签

通常，蓄电池的标签贴在壳体的顶部或侧面。标签提供的信息包括蓄电池的安·时额定值、冷起动电流的额定值、电压及维护的间隔日期。另外，蓄电池的生产厂商还在蓄电池的壳体上注明了蓄电池的生产日期及接线柱的极性。使用者通过查看蓄电池壳体上的标签，就可获得关于该蓄电池的信息。

8. 蓄电池的连接

通常，一个蓄电池的电压和容量是一定的。但实际使用中，如果一个蓄电池的电压或容量满足不了实际工作需要，就可以通过把多个蓄电池用不同的方法连接起来，来得到一定的电压或容量。大多数公路运输工具、采矿设备及农用设备都需要大容量的蓄电池或者24V的蓄电池。为了满足上面的需要，可以采用把多个蓄电池通过不同的方法连接起来满足上述要求。其具体连接方式有：

1）串联：当把多个相同的蓄电池串联起来以后，连接后的总电压等于单个蓄电池电压与所串联蓄电池个数之积，总容量与单个蓄电池的容量相同，容量值不变。如图2-4所示，进行串联连接时只需把一个蓄电池的正极和另一个蓄电池的负极连接起来。

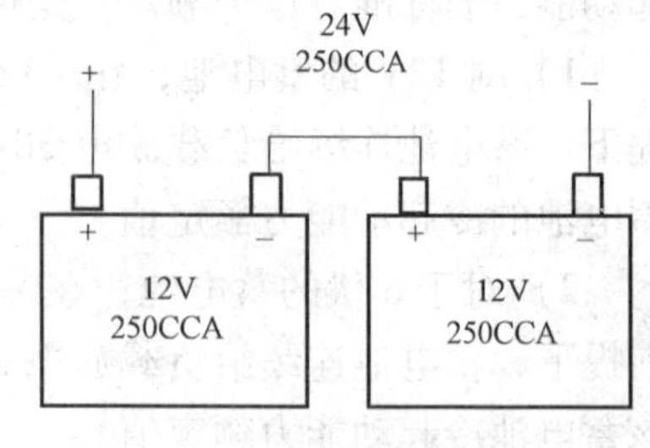

图2-4 电池的串联

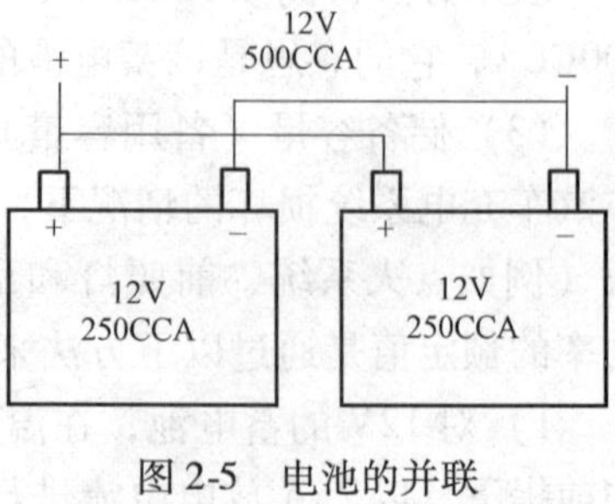

12V
500CCA
+
−
+
−
+
−
12V
250CCA
12V
250CCA

图2-5 电池的并联

2）并联：当把多个相同的蓄电池串联起来以后，连接后的总电压等于单个蓄电池的电压，电压数值不变，但总容量等于单个蓄电池容量与所串联蓄电池个数之积。如图2-5所示，并联时只需把一个蓄电池的正极与另外一个蓄电池的正极相连，负极和负极相连。

把几个普通且廉价的蓄电池串、并联起来后组成的电池组，可以代替具有相同性能的昂贵的蓄电池。

二、蓄电池的拆卸与更换

1. 个人安全

当使用蓄电池时，应该格外小心，要求使用者或操作人员应该严格按照安全规范办事。

（1）穿戴好防护服（工作服）和防护眼镜　充满蓄电池的电解液是呈酸性的，在对蓄电池进行操作时，如果蓄电池电解液溅到皮肤上或眼睛里，将会灼伤皮肤或对眼睛造成严重损害。为避免上述情况的发生，就要求使用者在操作之前穿戴好防护服和防护眼镜。

电解液溅到皮肤上或眼睛里时，应该立即用清水冲洗接触部分5min左右（用水将把酸稀释），严重时应尽快就医治疗。

注意：在车间里使用或维护蓄电池时，使用者应该仔细检查是否有眼睛的清洗装置，以备急用。

（2）避免产生火花或爆炸

1）在对蓄电池进行充电时，在蓄电池内部会产生氢气，而氢气是一种极易燃烧的气体，氢气燃烧过程中极易产生爆炸，为了避免爆炸，要求操作者在使用过程应格外小心，禁止吸烟。

2）在对蓄电池进行操作时，为避免爆炸，应该把蓄电池置放在远离火焰且通风好的地方进行操作。例如：蓄电池应远离磨床、电焊及氧焊等设备，因为这些设备极易产生火花。

3）应使手表、戒指、器械、测试装备等金属物件远离蓄电池，因为这些器件若引起短路，会产生火花。

2. 上提蓄电池的方法

蓄电池一般都比较重，它的质量一般在20kg左右。无论蓄电池尺寸的大小，上提时都应采用正确的上提步骤。具体的上提方法如图2-6所示。双手应放在蓄电池的对角位置处，上提时主要是用腿部力量。

注意：必要时可用蓄电池提升夹具把蓄电池从托架中取出。

3. 蓄电池的拆卸与更换

蓄电池比较重、易碎且含有腐蚀性的酸。通常它们被放置在固定的区域，如放在有防护装置的凹槽中，或者放在机罩组件之下。

新型汽车往往使用“负极”接地系统。负极（黑色）接头在邻近接头的外壳上会标明“－”或“负极”的标记；正极（红色）接头在邻近接头的外壳上会标明“＋”或“正”的标记。

大多数车辆电子系统的存储器不能断电，所以需要一个恒功率电源给它们供电。当拆除蓄电池后，如果没有其他辅助装置给电子系统的存储器

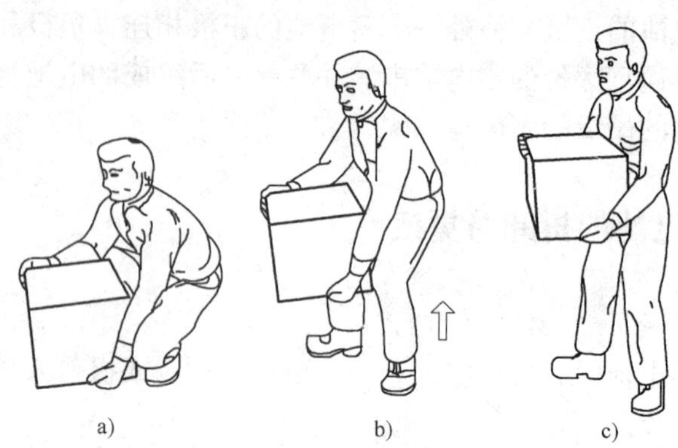

图 2-6　上提蓄电池的方法
a）下巴朝里，头放直　b）背直　c）抓紧抓牢

供电，就会出现一些问题。例如音响系统、发动机控制系统及安全控制系统都需要恒功率电源。为了避免以上问题出现，当拆除蓄电池时，可以连接一个辅助电源装置。在拆除蓄电池之前，如果把这种辅助装置连接到蓄电池的电缆上（或插入到点火器中），就可以保证电子系统的存储器正常工作。当已经把辅助电池系统连接上时，切勿打开任何负载（例如附件等），否则将会导致蓄电池的电压的下降很大，而不能激活存储器。

拆除蓄电池时，应注意：

1）确保所有电力系统按钮或点火按钮处于“关”的位置上。

2）将翼子板护罩铺在汽车翼子板上保护汽车漆面。

3）断开蓄电池负极接头，这样可以避免因短路而产生火花的危险。

拆除蓄电池的操作方法是：

1）选用正确的扁口钳和扳手松开蓄电池接地电缆（即负极接头）上的螺栓。注意不要对电极柱用力过大。

2）用电缆电极柱拉拔器拆下电极柱的电缆，不要硬撬电极柱上的电缆。

3）断开蓄电池正极接头。

4）取下固定蓄电池的夹具。

5）拿开夹具，并远离蓄电池。

6）从汽车中取出蓄电池（如有必要可使用蓄电池吊具，所需安全装备：围裙、手套、护目镜）。

蓄电池的安装与拆除相反，但要注意在安装时先安装正极。

三、蓄电池的维护及充电

1. 蓄电池的维护

蓄电池的腐蚀可能引起各种故障，如果腐蚀过多，应认真检查蓄电池是否有破裂或外壳隆起等现象，并认真清洗蓄电池。

注意：在清洗蓄电池前，一定要先把蓄电池拆下来，以避免产生火花。

蓄电池的清洗程序是：

（1）清洗蓄电池外壳　如图2-7所示。

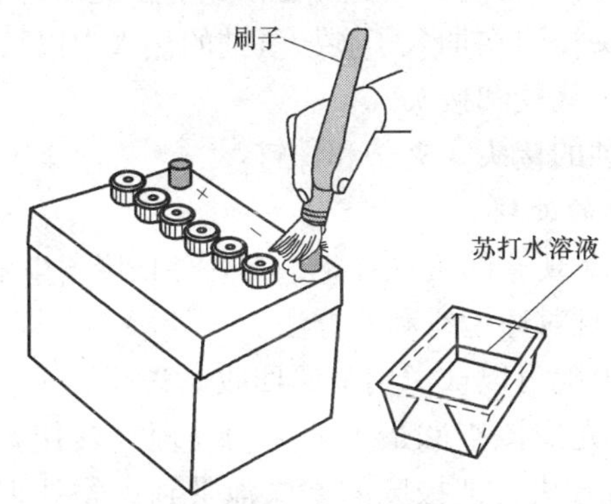

图2-7　清洗蓄电池外壳

1）用苏打水溶液冲洗整个壳体，以及一起从车上拆下来的固定夹具。

2）使用砂带、钢丝刷去除厚厚的腐蚀物。

3）用好的洗涤剂清洗蓄电池上的油垢和灰尘。

4）用清水冲洗蓄电池并用纸巾擦干，再用毛巾适当处理。

警告

不要让苏打水流入蓄电池单格电池内，因为这样会中和电解液。

（2）清洗蓄电池托架　如图2-8所示。

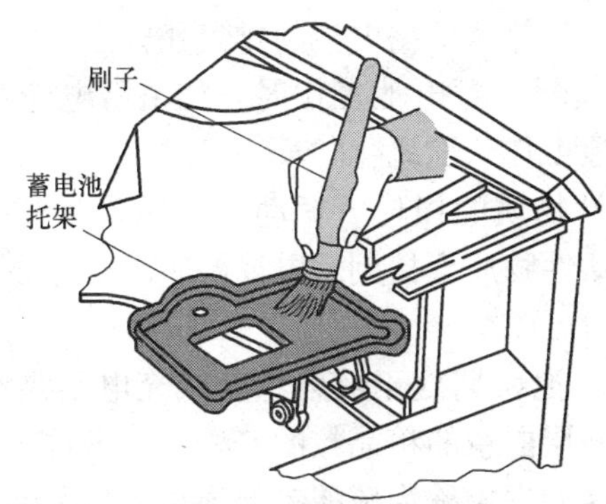

图2-8　清洗蓄电池托架

1）用腻子刀刮掉厚的腐蚀物，然后用苏打水清洗托架。

2）用水冲洗后擦干，漆上防腐漆。

（3）清洗蓄电池电极柱、电缆接头和电缆卡子

1）用蓄电池接头清洁器清理电极柱接头和电缆接头，直到看见金属

发亮。

在清洁极柱时，不能过分切削极柱，否则会使接头不能拧紧。

2）将电缆接头浸泡在加入了碳酸氢钠的热水中以帮助清除腐蚀。

3）用布擦干接线柱和接头。

4）更换被腐蚀的接头、夹子和螺钉。

2. 报废蓄电池的处理

为了保护环境，现有的法规规定，在处理报废蓄电池及电解液时，一定要使用相应安全且对环境有利的方法。

1）报废的蓄电池可以被送到金属回收站进行处理。处理报废的蓄电池或电解液时，首先应该查阅最近的废物处理（转接）站，利用相对安全而且符合法规的方法，把报废的蓄电池带到废物处理（转接）站进行处理。

2）在处理蓄电池时，有时需把蓄电池打碎，这时必须采用专用设备。

3. 蓄电池的常见故障

在使用蓄电池时，以下这些情况有可能导致蓄电池损坏而不能使用。

（1）开路（又叫断路）连接和高内阻连接

1）开路连接是常见的蓄电池故障，它的后果是蓄电池工作时没有电流输出。

2）某些有缺陷的连接有可能造成蓄电池的内阻非常大。比如接线柱接触不良，导致额外电压降。当蓄电池在高负荷（例如汽车起动时）情况下工作时，如果蓄电池采用高内阻的错误连接方式，常会导致蓄电池电解液沸腾以及大量的气体从单格电池的排气孔冒出。

（2）电解液的损耗　蓄电池工作时，如果蓄电池过热将会损耗电解液，并会导致蓄电池工作状况恶化。

（3）极板上活性物质的损耗　振动将会导致蓄电池极板上活性物质的脱落，脱落后的活性物质会掉到蓄电池的底部，并导致蓄电池的工作性能下降。

（4）硫化　蓄电池长期处于放电状态或充电不足状态下放置时，在极板上会逐渐生成一层白色的粗晶粒的硫酸铅，正常充电时，它不能转化为二氧化铅和铅，这种现象称为硫酸铅的硬化，简称硫化。这种粗晶粒的硫酸铅，极易堵塞极板孔隙，使电解液渗入困难，将会抑止正常的再充电；这种破坏性是长时间的。为了避免这种故障情况的出现，对于长期放置不用的蓄电池来说，应每隔一段时间（3 周左右）对其进行一次充电。

（5）蓄电池的疲劳（报废）　蓄电池是有寿命的，在使用一段时间后，蓄电池就会报废。当前，大多数蓄电池的平均使用寿命为 3 年左右。

4. 蓄电池的存放

1）充足电的蓄电池长期放置不用时，将会自放电。（自放电的速度一般是由蓄电池所放置地方的温度、湿度和该蓄电池的类型而决定的）。

2）蓄电池在放置时，为避免蓄电池极板上活性物质的硫化，使用者应每隔一段时间对蓄电池进行充电。

3）蓄电池放置时，所放置的地方应凉爽、干燥且通风良好。

注意

当要放置很多蓄电池时，绝对不允许把蓄电池彼此堆叠起来。

5. 蓄电池的充电

充满电的蓄电池在以下几种情况下将把电用完：发电机发生故障、风扇传动带打滑、起动发动机时用电过度及对负荷（例如前照灯）进行供电等。可以用蓄电池充电器对蓄电池进行充电。

蓄电池充电的方法有3种：

（1）慢充电　指长时间小电流充电。它有两个优点：它是使蓄电池达到完全充足电状态的唯一途径；使蓄电池过充电的机会减到最少。

（2）快充电　指大电流短时间充电。它的缺点是只能转化极板外表面的硫酸铅，不能使整块极板都转化。

注意

快充电时，一定要对它进行监测，而且充电时间最好不要超过2h，过度的快速充电会损坏蓄电池。

（3）自调节充电　指刚开始采用快充电，然后采用慢充电的方法。

在对蓄电池进行充电时，如果蓄电池内部的温度过高，就有可能使蓄电池的极板变形而损坏，如果采用小电流对蓄电池进行充电，就可避免上述情况的出现，因此最好采用慢（小电流）充电。

蓄电池的充电率又称为充电电流。在对蓄电池进行充电时，可采用以下方法来确定合适的充电电流。

（1）查阅　仔细查阅蓄电池生产厂商提供的说明书。

（2）计算充电电流　充电器的充电电流大小可以通过以下方法来计算。

1）如果知道蓄电池冷起动安培数（CCA）的额定值，充电电流应大约等于冷起动安培数的1/100。例如冷起动安培数为400CCA，那么充电电流应大约等于400×1/100=4A。

2）如果给定的是蓄电池安时数（A·h）的额定值，充电电流应大约等于安时数的1/10。例如给定安时数为70A·h，那么充电电流应大约等于70×1/10=7A。

3）如果给定的是蓄电池备用容量的额定值，那么充电电流应大约等于备用能量值的1/20。例如给定备用容量额定值为240RC，那么充电电

流应大约等于 $240\times1/20=12A$。

充电时的注意事项：

1）由于蓄电池在充电时排出的气体遇见火花后极易发生爆炸，所以在充电时应把蓄电池放置在通风且远离火花或明火的地方。

2）在充电器接通后，绝对不能再连接或拆除蓄电池。否则，有可能产生火花而导致爆炸。

3）电压过高有可能损坏汽车上的电子装置，因此充电时应把蓄电池从汽车上拆下来或断开蓄电池的负极电缆，这样可以避免上述情况的发生。

4）当蓄电池充满电后，应该立即停止继续充电；如果继续充电就会严重损坏蓄电池内部部件，缩短蓄电池的使用寿命。

5）在对蓄电池进行充电过程中，应每隔一段时间（如 20min）检查一次。如果检查时发现蓄电池过热、排气孔排气过猛或电解液沸腾，应立即停止充电，否则，将导致蓄电池损坏。

6）不要在寒冷的天气里对冻结的蓄电池充电，要让它解冻后再进行充电。

蓄电池的充电步骤：

1）在对蓄电池进行充电时，应把蓄电池放置在通风且远离火花或明火的地方。

2）检查蓄电池电解液液面的高度，如果发现电解液液面过低，应给蓄电池加入适当的蒸馏水。

3）选择充电电流。

把充电器的阳极夹子（红色）与蓄电池阳极接线柱连接起来，把充电器的阴极夹子与蓄电池的阴极接线柱连接起来（在把夹子与接线柱连接起来之前，应先把需要连接的部分清洗干净，以便保证接触牢靠）。

4）把充电器的各控制部件调整到理想位置，接通充电器。

5）在充电过程中，应定期检查各部件的运转情况（注意：切勿碰或触到导线，以免产生火花）。

6）当蓄电池充满电后，应先关掉充电器，再拆掉导线。

四、蓄电池的检测

1. 电解液液面高度的检测

对普通铅（又叫低维护）蓄电池，应该定期检查它的电解液液面高度。

1）对塑料壳体的蓄电池（它一般是半透明的），蓄电池的壳体边上刻着电解液“上液面线”和“下液面线”，电解液液面应保持在上、下液面线之间，若液面过低应给蓄电池加入适量的蒸馏水，如图 2-9 所示。

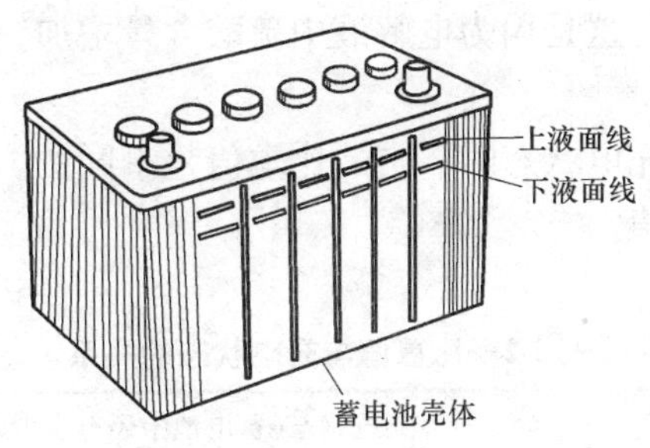

图 2-9　电解液的液面高度

注意

只能加蒸馏水，不能加自来水和硫酸溶液。

2）对于橡胶壳体的蓄电池，应用孔径为 3～5mm 的透明玻璃管测量电解液高出隔板的高度。将玻璃管垂直插入蓄电池的加液孔中，直到玻璃管与保护网或隔板上缘接触为止；然后用手指堵紧管口并将管取出，管内所吸取的电解液的高度即为液面高度；其值应为 10～15mm。

大多数低维护蓄电池每隔一年应加满电解液一次。

蓄电池需要频繁添加电解液的现象是不正常的，可能是由于汽车充电系统对其过充电所造成的。

2. 蓄电池电极柱的检测

蓄电池电极柱的检测是检测蓄电池电缆与电极柱之间的连接是否良好，应用电压表测量电缆与电极柱之间的电压降。具体方法是：

1）把电压表负表笔接到电缆卡子上，如图 2-10 所示。

2）把电压表正表笔接到蓄电池电极柱上（这时应使点火系统不能工作，以防汽车起动）。

3）起动发动机并观察电压表读数。如果读数大于 0.5V，则表明在电缆连接处存在有高电阻，这时应拆下蓄电池电缆进行清洗。

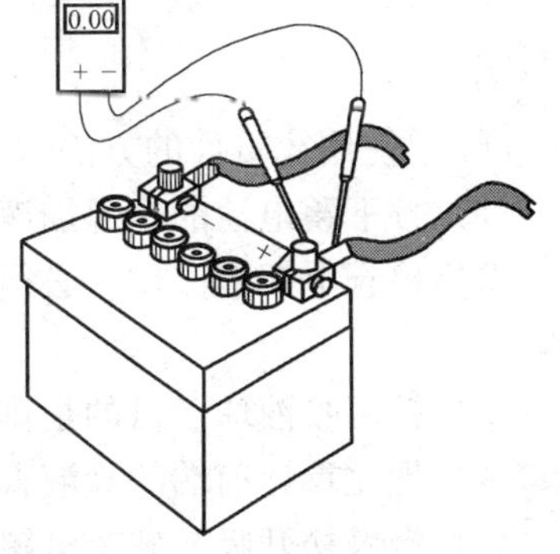

图 2-10　检测蓄电池电极柱的连接法

3. 普通蓄电池充电状态的检测

在检查蓄电池故障时，首先应检查蓄电池的充电状态。蓄电池的充电状态可以通过测量电解液中硫酸的含量来获得（硫酸含量越大，荷电数越多，充电值越大）。可以先用比重计测量电解液的比重，进而推算出电解液的硫酸含量（比重越大，硫酸含量越高）。

（1）比重　指一定体积水的质量与同体积电解液质量的比值；纯水的比重是 1。如果蓄电池电解液全为水（即电解液的比重为 1），表明该蓄电池已经放完电；这是因为电解液中硫酸含量增加，则电解液的比重就会增加。

蓄电池在不同充电状态时，它的比重值是不同的。表 2-2 列出了不同充电状态的比重数值。

表 2-2　比重值与充电状态的关系

比　　重	充电状态（蓄电池中还有多少电没有放出）
1.265	100%
1.225	75%
1.190	50%
1.165	25%
不大于 1.12 时	放完电

一般是通过比重计来测量蓄电池电解液比重的。比重计的结构如图 2-11 所示。

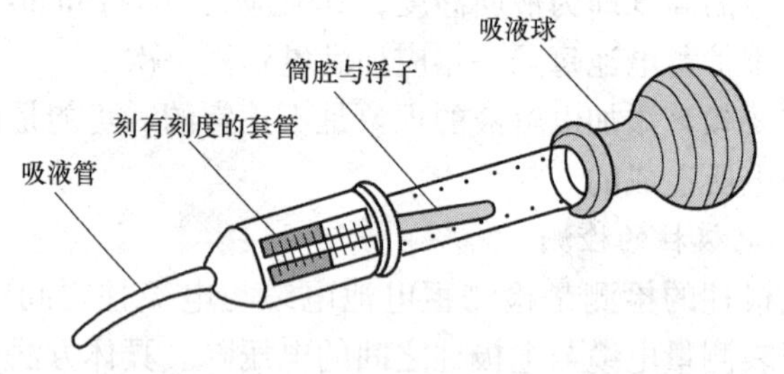

图 2-11　比重计的结构

（2）使用比重计的方法

1）拧下蓄电池的全部加液盖。

2）检查电解液液位。必须有足够高的液位供比重计抽取一定量的液体。

3）挤压吸液球。目的是排净吸液球中的空气。

4）把比重计前端的吸液管插入到蓄电池的单格电池中。

5）慢慢松开吸液球，电解液会沿着玻璃管吸入；当吸入的电解液达到一定量后，浮子就会自由浮起。把比重计保持在垂直位置，并保持其与眼睛同一水平；这时，液面与浮子刻度交界处即为相对密度（比重）读数。

6）此读数必须作温度修正；如果修正后的读数低于 1.265，则该蓄电池需要补充充电，否则，它会失效。修正系数可查阅相关手册获得。

采用上述方法可以测出每个单格电池的比重值。如果某个单格蓄电池的比重值与其他单格蓄电池的比重值相差 0.05～0.1，说明这个蓄电池已失效，如图 2-12 所示。

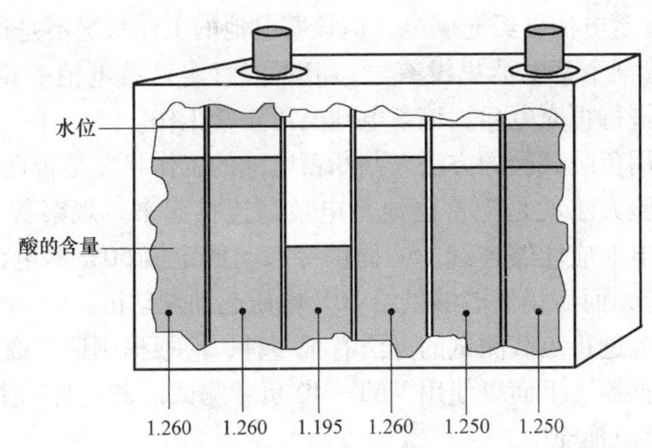

图 2-12　通过相对密度读数确定失效的单格电池

注意事项

通过观察比重计中所提取电解液的颜色，可以得到该蓄电池的更多信息。如果电解液的颜色呈黑或暗黑色，说明蓄电池极板上的活性物质已经有脱落。这种黑色的电解液就是所脱落活性物质与电解液的混合物。

4. 免维护蓄电池充电状态值的检测

1）很多免维护蓄电池装有内装式密度计（又称为蓄电池指示器或充电状态指示器）。从观察孔中可以看到颜色是不同的，由此判断蓄电池的状态，如图 2-13 所示。

2）测量开路电压来检测免维护蓄电池的充电状态值。把电压表跨接在蓄电池两电极柱上，跨接时认准极性，正接正、负接负，读数要精确到 0.1V。当免维护蓄电池的开路电压大于或等于 12.6V 时，表明充电状态较好（表 2-3）。

图 2-13　凌志 LS400 轿车蓄电池指示器

表 2-3　开路电压的检测结果表明充电状态

开路电压/V	充电状态
12.6 或 12.6 以上	100%
12.4 ~ 12.6	70% ~ 100%
12.2 ~ 12.4	50% ~ 75%
12.0 ~ 12.2	25% ~ 50%
11.7 ~ 12.0	0 ~ 25%
11.7 或 11.7 以下	0（放完电）

5. 蓄电池的负载检测（又称为容量检测）

实际工作中常会遇到以下问题：

1）尽管蓄电池已经充满电，但该蓄电池的工作状况不是很好。

2）尽管某个蓄电池里没有电，但不能肯定该蓄电池一定出了故障，有可能对它进行再充电后，该蓄电池又可正常工作。

通常采用负载试验的方法来判断蓄电池的工作状况是否良好。

负载试验方法就是把蓄电池与电负荷连接起来，观察蓄电池的端电压。好的蓄电池应能够连续15s提供冷起动额定值50%的电流（或安·时值的3倍），而后仍然能够供给10V电压起动发动机。

对蓄电池进行负载测试的方法有很多种，应根据制造厂商的建议选择相应的测试仪器。下面以使用VAT—40负载测试仪来说明具体的步骤：

1）对蓄电池充电。

2）确定负载检测的技术要求。这项技术要求是冷起动电流额定值50%，或安·时值的3倍，或由汽车制造厂提供。

3）在一只单格电池中装一支电解液温度计。

4）将VAT—40负载仪的大负载电缆引线跨接到两个电极柱，连接时要认准极性。

5）电流表调零。

6）把电流感应探头套在其中一根VAT—40负载引线上。

7）检测选择器设置到起动挡。

8）缓慢旋转负载控制旋钮，加载到2）确定的负载量。

9）当加载达15s时读电压表，不要超过15s极限；关断碳堆电阻并记录读数。

10）读温度计并记录读数。

11）对照表2-4检查电压和温度读数。

表2-4　负载检测的温度修正系数

电解液温度	℉	+70	60	50	40	30	20	10	0
	℃	+21	16	10	4	-1	-7	-12	-18
最小电压(对12V蓄电池)	V	9.6	9.5	9.4	9.3	9.1	8.9	8.7	8.5

如果蓄电池的负载检测读数等于或大于表3-4中的最小电压值，表明该蓄电池是好的；否则，需更换蓄电池。

五、蓄电池的跨接起动

1. 跨接起动的定义

当蓄电池的电流过小，或处于放完电的状态，或在寒冷的天气里蓄电池结冰时，不能直接起动汽车，需要用另外的蓄电池采用并联的方法来帮助起动汽车，这种方法就称为蓄电池的跨接起动。

蓄电池跨接起动时，必须遵守一定的安全操作步骤和注意事项，如果做得不正确，可能会出现事故。

2. 起动汽车时应注意的安全事项

1）必须保证用来升压的蓄电池与装在汽车上且已放完电的蓄电池的电压相同（两个蓄电池都是6V，或者都为12V）。

2）当装备有电子控制系统（例如发动机控制系统、点火控制等）的汽车出现上述情况且需要采取同样方法进行起动时，必须采用安装有保护装置的跨接导线（因为这种导线可减小峰值电压对电子控制系统造成的危险）。

3. 蓄电池跨接起动的正确操作步骤

首先应该查阅并认真学习汽车使用手册中关于起动汽车的步骤。如果没有给出详细的操作步骤，请参照以下步骤。

1）如果用来供电的升压蓄电池安装在另外一辆汽车上，应使该车与被起动汽车靠近（但不能接触）。

2）必须保证每辆汽车都已驻车制动，并且变速器处于空挡或驻车挡。

3）关闭两辆汽车上的点火开关和全部电器附件。

4）将正极跨接线电缆的一端跨接到升压蓄电池的正电极桩上。

5）将正极跨接线电缆的另一端跨接到亏压蓄电池的正电极桩上。

6）负极跨接线电缆的一端跨接到升压蓄电池的负电极桩上。

7）把将负极跨接线电缆的另一端与被起动汽车的发动机组或汽车底盘相连接（这样可避免在距离蓄电池过近的地方产生火花）。

注意

切勿将该跨接电缆的另一端连接到蓄电池的负电极桩上，否则，会产生火花而引起蓄电池爆炸。

8）试着起动需帮助的汽车，如果起动它很困难，应把升压蓄电池的汽车起动并使之快速运转以防拉动的电流过大损坏电子器件。

9）一旦那辆需帮助的汽车起动了，在拆除跨接导线之前，应使汽车在怠速状态下运转5～10min，并打开被起动汽车的前照灯。此举可以减少峰值电压损坏电子部件的可能性。

10）从被起动汽车的发动机缸体上拆下搭铁连接的负极跨接电缆。

11）拆下升压蓄电池上的负极跨接电缆。

12）拆下升压蓄电池上的正极跨接电缆。

注意事项

1）切勿用高于16V的电压去跨接起动一辆装备了电子控制模块的汽车，过高的电压会损坏电子部件。

2）迅速放电的蓄电池会产生氢气，如果已尝试过起动那辆汽车，不要立即将跨接电缆跨接到亏电的蓄电池上，至少要等10min再跨接电缆，然后再试着起动那辆汽车。

为了保证当大电流通过跨接电缆时跨接电缆仍可正常工作，要求跨接电缆的直径应足够大。

任务一 完成蓄电池理论中应知部分

1. 蓄电池的主要功能是什么？

____

____

____

2. 铅酸蓄电池，正极板上的活性物质是________，呈____色；负极极板上的活性物质是________，呈______色。______极柱大于______极柱。

3. 当蓄电池在充满电和放完电两种状态时，请把蓄电池各元件上活性物质的成分填写在下表中。

	充满电	用完电
正极极板		
负极极板		
电解液		

4. 要组成一个12V的蓄电池，请问需用几个单格电池。(　　)

A. 1个　　B. 2个　　C. 6个　　D. 12个

5. 汽车蓄电池上的250CCA表示：______________________。

6. 蓄电池额定值65A·H表示：______________________。

7. 某个蓄电池是由3个单格电池组成的，则此蓄电池在充满电后的电压是______V。

8. 按照总电压和总容量的要求，在下列每个蓄电池上连上适当的线段。

(1) 6V 200CCA [+ −]　　6V 200CCA [+ −]　　+ 6V 400CCA −

(2) 6V 200CCA [+ −]　　6V 200CCA [+ −]　　+ 12V 200CCA −

9. 3.0L 发动机应选择蓄电池标号是______________________。

10. 充足电后，电解液密度一般在__________之间。

11. 硫化一般发生在以下哪种情况下？（　　）。

A. 过度充电　　B. 充电不足

C. 蓄电池处于放电状态的时间过长　　D. 蓄电池电解液损耗

12. 对已经发生硫化的蓄电池进行再充电就可以消除硫化，这个命题是否正确？

正确（　　）　　错误（　　）

13. 请例举出在对蓄电池进行再充电时应注意的5项安全防护措施。

____

____

____

14. 按照不同的蓄电池额定值，写出相应的充电电流（充电率）。

蓄电池的额定值	充电电流
520CCA	
55A · H	

15. 通过使用比重计，可以得到蓄电池的哪些信息？

____

____

____

16. 如果汽车充电系统的电压设置过高，这将会对蓄电池产生什么影响？

____

____

____

17. 在用比重计测量蓄电池的比重时，如果从比重计上读取的数值为1.200，表明该蓄电池（　　）。

A. 已经完全充满　　B. 充满了1/2　　C. 已经放完电

18. 若测量出蓄电池的端电压是12.3V，请问是否充满电？为什么？

____

____

____

19. 测量起动时，蓄电池两端的最低电压有什么作用，标准是多少？

____

____

____

20. 测量蓄电池的漏电电流有什么作用？它表示什么？

任务二　蓄电池的维护检测

1. 通过下面的练习，可以巩固并提高学习者在蓄电池保养、蓄电池充电和蓄电池测试方面的技能。

2. 需要的设备：装备有蓄电池的汽车、手工工具、工作服和防护眼镜、测试用的比重计、蓄电池充电器、蓄电池负载测试仪、安全的工作环境、蓄电池的辅助装置。

3. 请指导老师决定学习者在哪辆汽车上进行操作。

4. 在工作地点进行以下操作。

1）按照汽车的实际情况，首先决定是否需要再使用一个辅助电源装置。如果汽车装备有像发动机控制系统、数字显示安全系统、音响系统等电子控制部件，建议采用一个辅助电源装置。

2）测量起动时，蓄电池两端的最底电压（　　）V，蓄电池是否充满电：________。

3）起动时测量起动机相线与外壳的电压为（　　）V，是否与上述一致？如果相关超过0.5V，则表示蓄电池接线有问题。

4）先拆掉搭铁线。

5）只断开负极，用万用表测量蓄电池的漏电电流（即关闭点火开关，关闭所有用电设备）为（　　）mA。

6）打开小灯，测量放电电流为（　　）A。

7）从汽车上拆掉蓄电池并把蓄电池放置在安全可靠的地方。

8）先把正负极接线柱上的腐蚀物清除干净，然后再把蓄电池的壳体清洗并擦拭干净，接着再检查是否有损坏的地方。如果存在损坏的地方，使用恰当的方法修复。

9）从该蓄电池及其产品使用说明书上查阅下表中的相关内容，并填写下表的相关信息。

蓄电池的生产厂家	
电压	
蓄电池序号	
生产日期	
冷起动安培数值	
安·时数的额定值	
备用(储备)容量	

10）清洗蓄电池的接线柱。

11）测量蓄电池的荷电状态值并完成下表。蓄电池电解液中的硫酸具有强腐蚀性，进行操作时一定要穿戴好工作服和防护眼镜（如果是免维护电池，则不测电解液密度）。

单格电池	1	2	3	4	5	6
比重						
电解液的颜色						

你对该蓄电池荷电（充电）状态的结论：＿＿＿＿＿＿＿＿＿＿。

12）准确计算对该蓄电池进行充电时，将采用多大的充电电流。答案：＿＿＿＿＿＿＿。

13）把该蓄电池与充电器连接好并进行充电（充电过程中应定期检查）。

14）在对蓄电池进行充电后，重新检查蓄电池的荷电状态值。

单格电池	1	2	3	4	5	6
比重						

15）利用合适的蓄电池负载测试仪对蓄电池进行检查。

①所使用蓄电池测试仪的名称：＿＿＿＿＿＿＿。

②简要回答对蓄电池进行测试的过程。对蓄电池充电操作，选择充电电压为＿＿＿V，选择充电电流为＿＿＿A。

16）正确安装蓄电池：固定，先安装＿＿＿极。

单元学习鉴定表

单元	任务	鉴定一	鉴定二	学生签字	教师签字	通过日期
单元二　蓄电池的维护检测	任务一　完成蓄电池理论中应知部分	□合　格 □不合格	□合　格 □不合格			
	任务二　蓄电池的维护检测	□合　格 □不合格	□合　格 □不合格			

单元三　电器部件及检测

学习目标

学完本单元后，应具有对汽车基本部件（如保护装置、开关元件等）的检测能力。为达到以上目的，应掌握以下知识及技能。

1）能正确说明电路保护装置的用途，叙述汽车常用电路保护装置。

2）能运用万用表、试灯或其他检测设备检测保护装置。

3）能通过视觉判断保护装置的通、断。

4）明确开关、可变电阻等电气控制器件的部位、作用、原理及检测。

5）掌握继电器的结构、工作原理及其检测方法。

学习信息

一、电路保护装置

大多数汽车电路都需要防止导线或负载部件过载，电器部件过载或短路等电路故障都会引起电流过大。为了避免损坏部件和导线，这些电路使用了某种方式来保护，一旦发生过载或短路故障，保护装置就会切断电源，阻止电流流过。

1. 熔丝（熔断器）

熔丝是最普通的电路保护装置，集中在熔断器盒内，熔断器盒的位置、数量随车型的不同而不同（部分继电器与熔丝集中在熔断器盒上，但继电器的分布比熔丝的分布更为复杂，继电器的分布原则一般为就近原则，例如风扇继电器一般在风扇附近）。图 3-1 所示为丰田佳美 96 款熔断器盒与继电器盒的位置。大多数车辆的熔断器盒与继电器盒在两个位置，一是驾驶室仪表左侧，一是在发动机室边沿。

常用的熔丝一般有 3 种：玻璃管式、陶瓷式和片式。现在车上主要用的是片式，图 3-2 所示为片式熔丝。

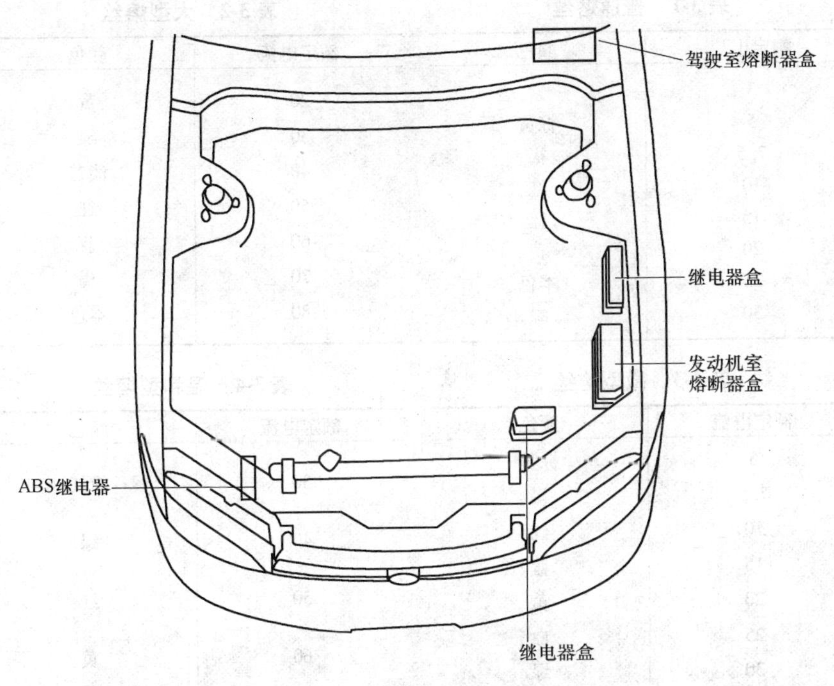

图 3-1　丰田佳美 96 款熔断器盒与继电器盒的位置

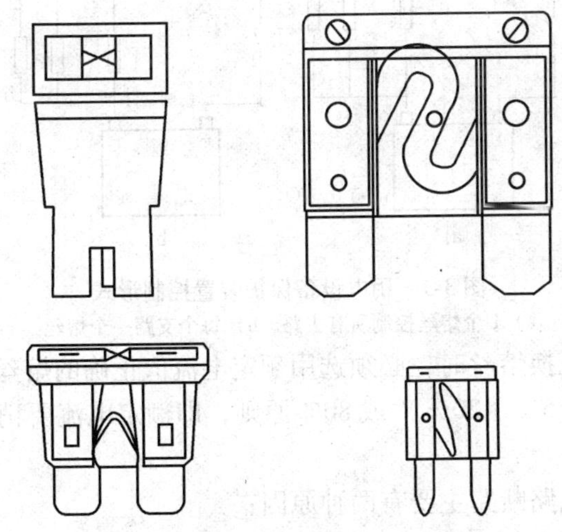

图 3-2　片式熔丝

同一种类的熔丝也有不同的型号，熔丝的型号经常用额定电流来表示，如 5A、10A、15A、20A 等。为了便于分清各型号，通常不同型号的保险采用不同的颜色，见表 3-1、表 3-2、表 3-3、表 3-4。

汽车上用电设备通常为并联连接，对于并联电路，可以在分支之前用一条熔丝或每一支路各用一个，如图 3-3 所示。

表 3-1 普通熔丝

额定电流	颜色
3	紫
5	棕黄
7.5	褐
10	红
15	蓝
20	黄
25	本色
30	绿

表 3-2 大型熔丝

额定电流	颜色
20	黄
30	绿
40	淡黄
50	红
60	蓝
70	褐
80	本色

表 3-3 微型熔丝

额定电流	颜色
5	棕黄
7.5	褐
10	红
15	蓝
20	黄
25	白
30	绿

表 3-4 温和型熔丝

额定电流	颜色
30	粉红
40	绿
50	红
60	黄

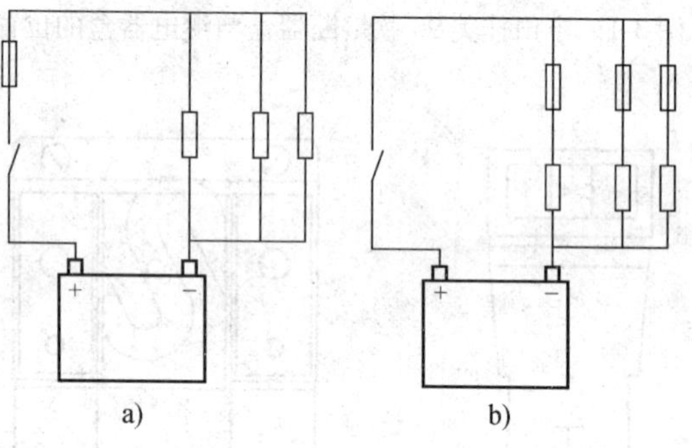

图 3-3 用电设备保护装置控制形式

a）1 个熔丝控制所有去路 b）每个支路一个熔丝

当增加或更换熔丝时，必须选用额定电流值正确的熔丝。选熔丝时要考虑浪涌电流（5% ~20%）或 80% 原则，即额定电流要稍大于实际负载电流。

熔丝引起电路断路主要有两种原因：

1）熔丝熔断，如图 3-4 所示。

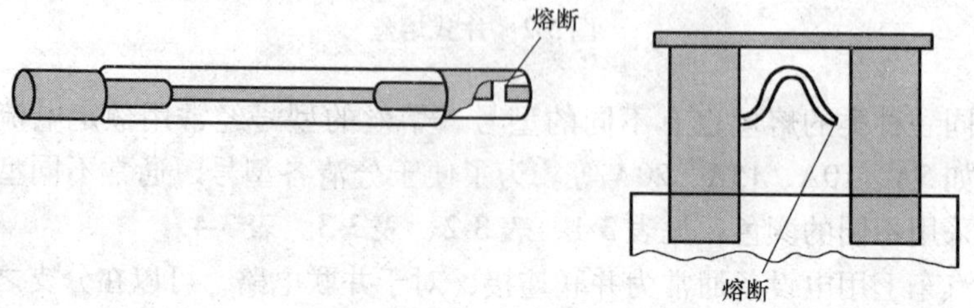

图 3-4 熔断

2）接触不良。

正确判断熔丝通断好坏有两种常用方法：

1）通过视觉观察是否熔断。

2）用万用表检测通断，如图 3-5 所示。电阻约为零，则表示正常。

2. 易熔线

图 3-6 所示为两条易熔线。易熔线一般在主电源线到达熔断器盒被分为较细的电路导线前，对主电源线提供保护。易熔线一般位于蓄电池附近的主连接处。易熔线的电流容量由它的线号决定，一般比它保护的线号大 4 个线号。易熔线由易熔材料制造，外表包裹特别的耐热绝缘层。当它保护的电路过载时便熔化，从而切断电路。为了能正确检测易熔线，应使用欧姆表等检测其连通性。识别易熔线是否熔断还可以看包裹易熔线的绝缘皮是否起泡，若起泡则表示已熔断。

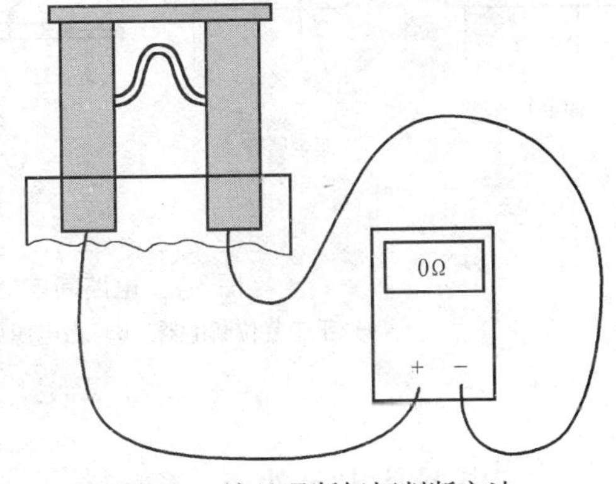

图 3-5　熔丝通断好坏判断方法

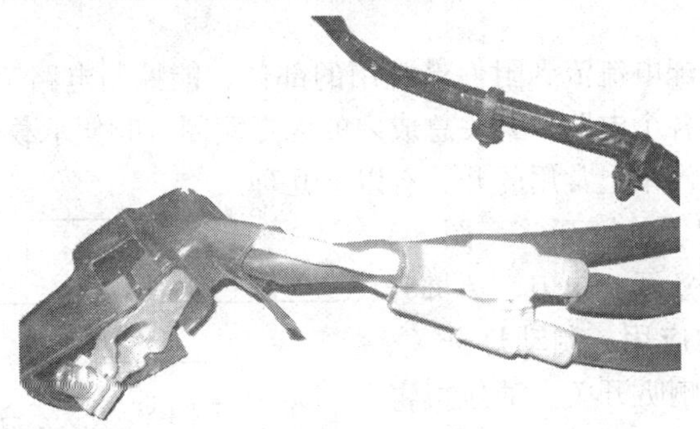

图 3-6　易熔线

警告

不准用电阻丝代替易熔线，反之也一样。

3. 电路断电器

对于在平常工作正常时容易过载的电路，一般用电路断电器保护。有些电路断电器需手揿按钮才能复原，有些则必须撤了电源才能复原。图 3-7 所示为常用的断电器。

例如在电动门升降电路中，由于窗缝易结冰，电动门升降受阻，有可能引起电路过载而出现过电流，电路断电器便会受热而切断电动机，从而保护电机。如果还想自动升降门窗，电路断电器便循环地打开或闭合。只有把车窗咬住的故障排除后，电动升降门窗才能正常工作。

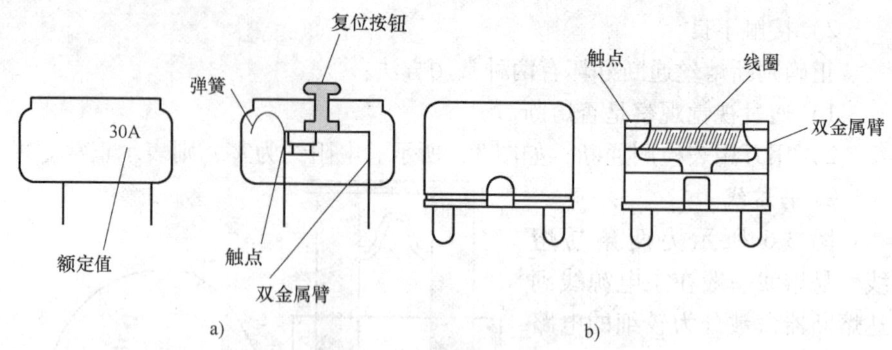

图 3-7　电路断电器复位

a）手工复位断电器　b）撤电源后自动复位断电器

二、电器基本元件

有许多电器部件，由于电路中加入了它们，电气系统的要求才得以实现。这些部件包括继电器、蜂鸣器、开关、电阻器等。

1. 开关

开关是支配电流流到附件最常用的部件，能控制电路工作的开/停或引导电流流到各个电路。开关总成内的触点副闭合时便承载电流，打开时便切断电流。汽车上常用的开关有以下几种。

（1）单刀、单掷开关　图 3-8 所示为开关示意图。单刀、单掷开关在汽车上的应用：制动灯开关、倒车灯开关、喇叭开关、油压报警开关、液面报警开关、门控灯开关等。实际上单刀、单掷开关主要是用来通、断电路。

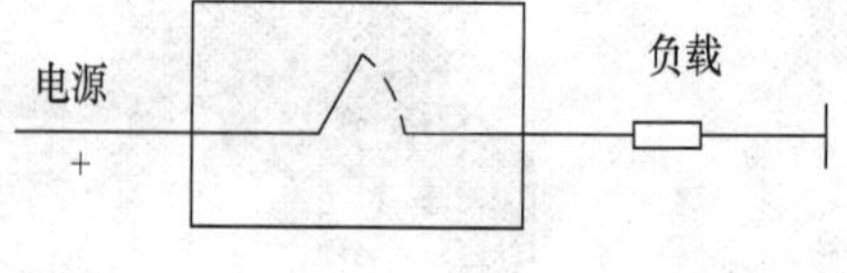

图 3-8　开关示意图

（2）单刀、双掷开关　图 3-9 所示为单刀、双掷开关在汽车上的应用。单刀、双掷开关在汽车上的应用还有电动玻璃窗开关、冷却风扇温控开关、转向灯开关、前照灯变光开关等。实际上单刀、双掷开关是用来切换电路的。

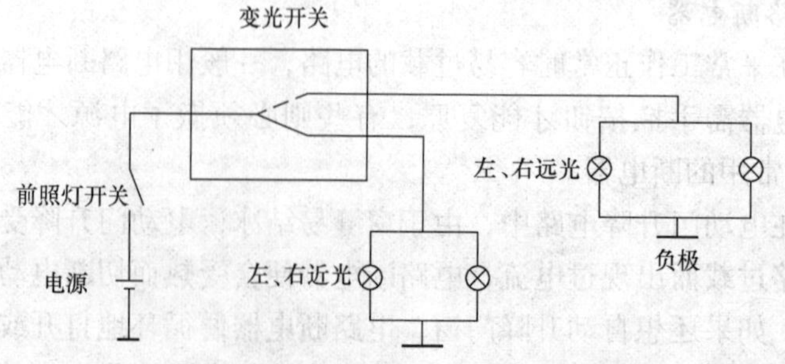

图 3-9　单刀、双掷开关在汽车上的应用

（3）组合开关　组合开关由多个单刀、单掷开关组合在一起控制多个用电设备。比如常用的车辆上转向盘边有一个组合开关，它可以控制各种灯光、刮水器等。

（4）联动开关　联动开关的开关总成内有多个触头，随开关的转动同时动，相互位置不变，如图 3-10 所示。联动开关在汽车上的应用还有：点火开关、刮水器开关、自动变速器挡位开关等。

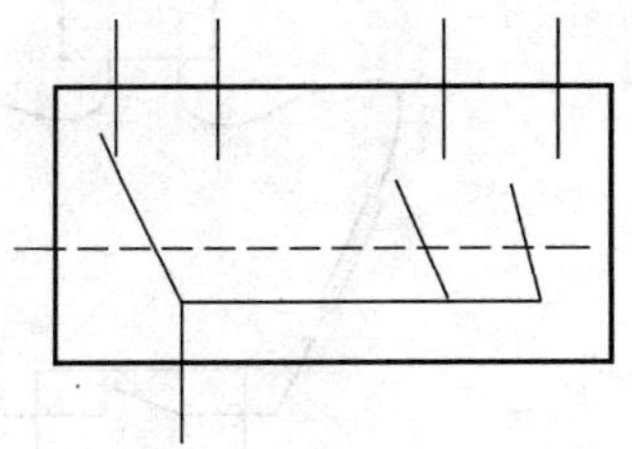

图 3-10　联动开关

开关的检测有以下几种：

1）用跨接线旁通开关来检测常开开关，如图 3-11 所示。

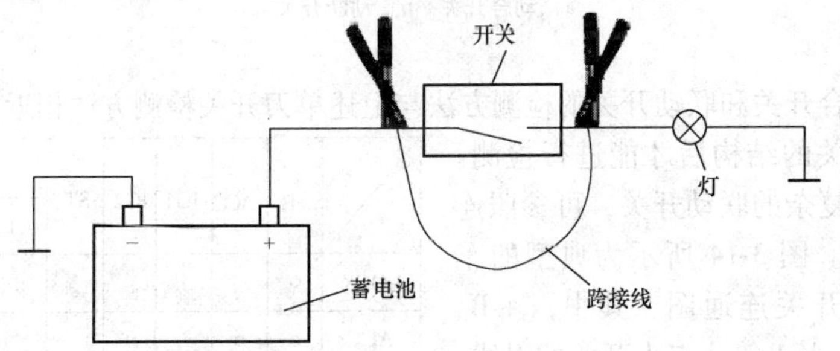

图 3-11　使用跨接线旁路开关检测常开开关

警告

使用跨接线旁通电路中的非阻性部分时，切勿用跨接线旁路负载部件，否则会产生大电流损坏电路。

2）用万用表或试灯检测开关，如图 3-12 所示。对于控制正极的开关，如果开关两端电压为电源电压，则表示开关良好。

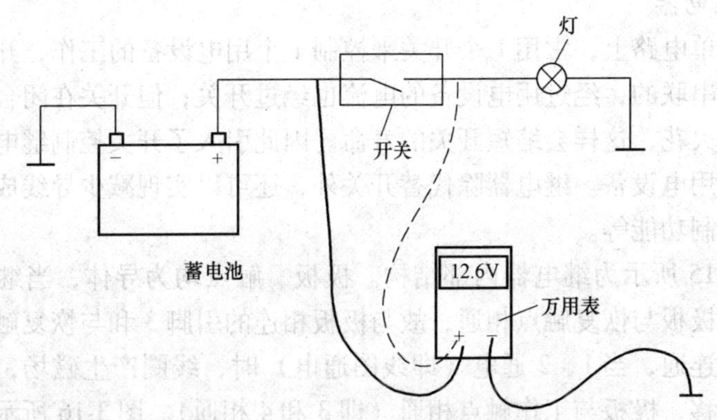

图 3-12　使用万用表检测常开式开关

3）用万用表检测开关的连通性来检测开关，如图 3-13 所示。

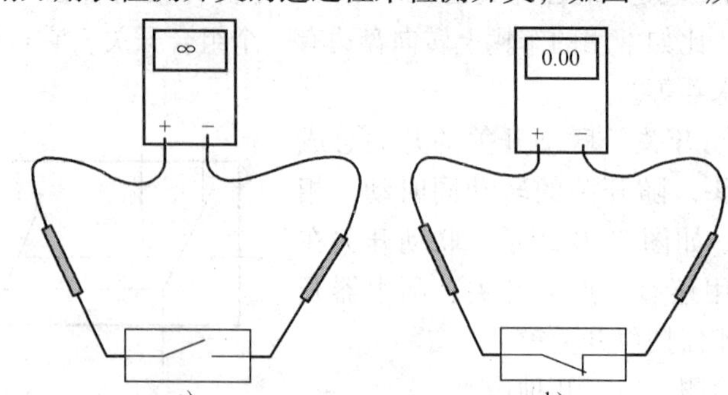

图 3-13　用万用表检测开关的连通性来检测开关
a）动合开关　b）动断开关

组合开关和联动开关的检测方法与上述单刀开关检测方法相近。必须懂得开关的结构后才能进行检测。对于很复杂的联动开关，可参照连通性表。图 3-14 所示为典型的车辆点火开关连通图。其中，+B、+ACC、IG1 等为点火开关的引线，它共有 7 条线，LOCK、ACC、ON、ST 为点火开关的挡位。当在 LOCK 挡时，任何线都不连通；当在 ACC 挡时，+B 与 +ACC 连通；当在 ON 挡时，+B、+ACC、IG1、IG2 4 条线连通。从连通图可以看出 +B是开关总电源输入，ST 为向起动机输出电源。通过开关的连通图可以很清楚地看到开关的通断功能。如果没有连通性表，可使用电路图去分析。

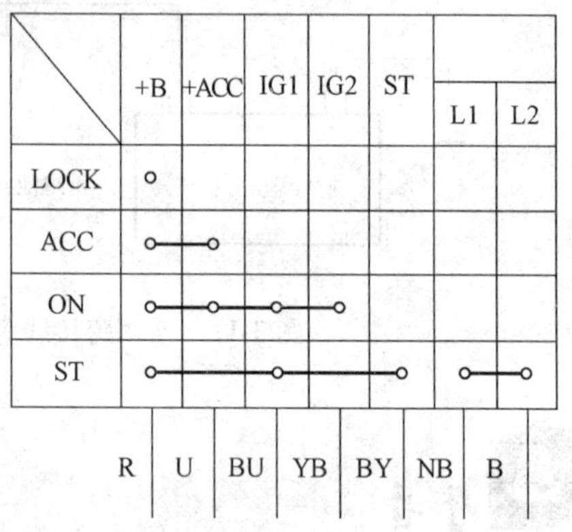

图 3-14　典型的车辆点火开关连通图

2. 继电器

在简单电路上，常用 1 个开关来控制 1 个用电设备的工作，开关与用电设备是串联的，经过用电设备的电流也经过开关；但开关在闭合时，往往会产生火花，这样会缩短开关的寿命。因此引入了开关控制继电器，继电器控制用电设备。继电器除代替开关外，还可以实现减少导线成本及实现自动控制功能等。

图 3-15 所示为继电器内部结构。极板、触点均为导体，当继电器不工作时，极板与恢复触点相通，故与极板相连的引脚 3 和与恢复触点相连的引脚 5 连通，当 1、2 通电（即线图通电）时，线圈产生磁场，磁场吸引极板下移，极板与工作触点相通（即 3 和 4 相通）。图 3-16 所示为继电器工作原理示意图。

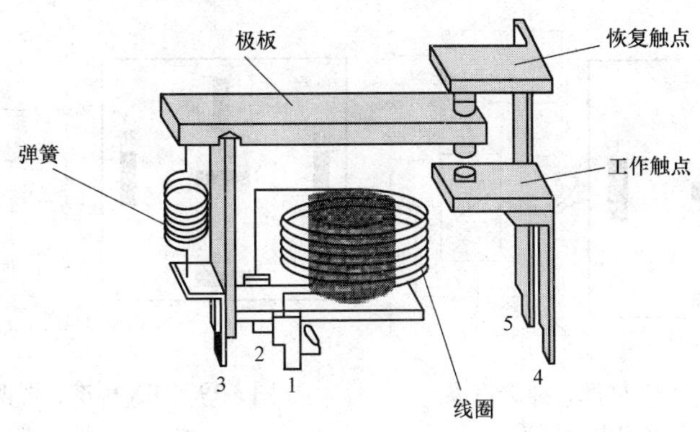

图 3-15 继电器内部结构

1、2 相接的电路称为控制电路，3、4 相连的电路称为被控制电路。在电路中，为便于分析一般把继电器画成示意图，如图 3-17 所示。标号 85、86 的引脚为控制电路、30、87 为被控制电路。

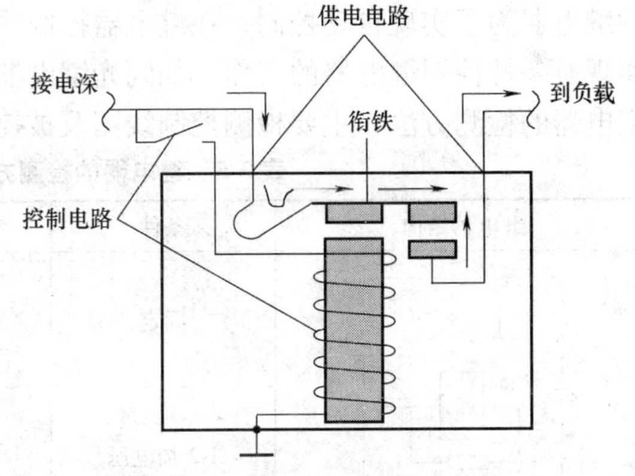

图 3-16 继电器工作原理示意图

继电器常引用两种标准，一种是 CEI 标准，即法雷奥或卡尔梯电器标准。图 3-18 所示为标准的定义，各引脚用 1、2、3、4、5 表示，1 和 2 为控制电路。

另一种是 DIN 标准，即博世或埃拉继电器标准，如图 3-19 所示。其中，85、86 为控制电路。

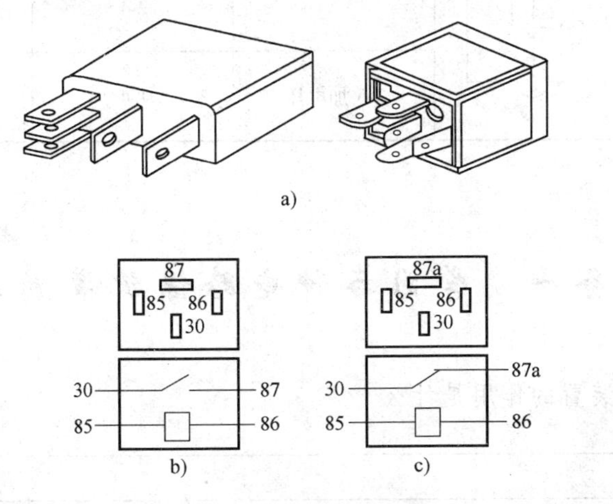

图 3-17 继电器示意图

a）引脚外观 b）动合 c）动断

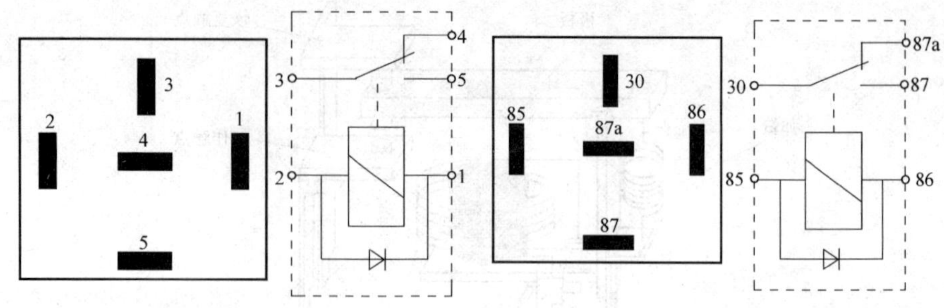

图 3-18　CEI 标准，即法雷奥或卡尔梯电器标准

图 3-19　DIN 标准，即博世或埃拉继电器标准

在图 3-18、图 3-19 中，控制线圈上有个二极管，其主要作用是消除线圈断电时的自感应电流。以上讲述的是最普通的继电器，现代汽车上各种继电器为了实现自动控制，在继电器控制线圈上串联一个电子板，从而实现有条件控制继电器的工作，如闪光继电器、延时继电器等。表 3-5 为继电器的检测方法，主要检测控制线图及被控制电路的通断情况。

表 3-5　继电器的检测方法

继电器结构	条件	测试端子	导通情况
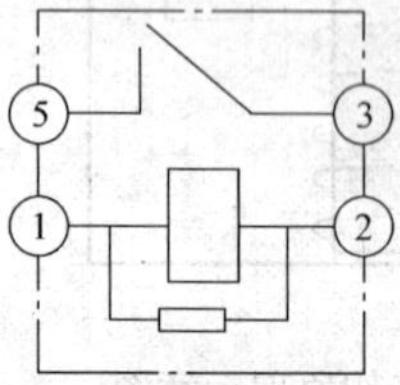 ⑤ ③ ① ②	固定	1-2	导通，约 60 ~ 80Ω 电阻
	1-2 加电压	3-5	导通
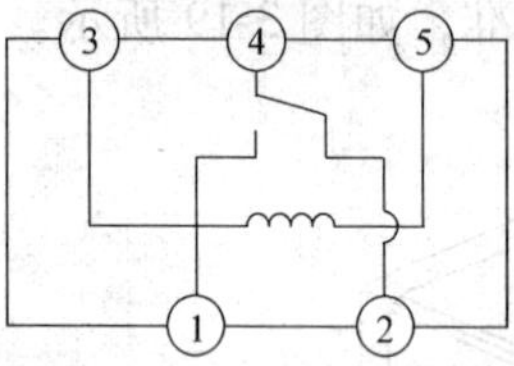 ③ ④ ⑤ ① ②	固定	3-5	导通，约 60 ~ 80Ω 电阻
		2-4	导通
	3-5 加电压	1-4	导通

任务一　学习各种电路保护装置及其检测方法

1. 保险装置的作用是什么

2. 观察两种以上不同车型的汽车熔断器盒位置，并记录于表3-6中。

表 3-6　保险盒位置记录表

车　型	位　置

3. 观察桑塔纳轿车熔丝有多少种不同颜色，各种颜色熔丝的额定值分别为多少。

4. 桑塔纳轿车的前照灯远光的功率是100W，通过熔丝的选用原则选用熔丝，并说明具体理由，并与实车比较（线的长度自己估计）。

5. 叙述断电器的作用及应用。

6. 叙述易熔线的作用及应用。

7. 由指导教师提供一些好的和已经损坏的熔丝、断电器、易熔线，由学生判断其好坏。

任务二　开关元件的检测

1. 由教师提供几种车型，要求学生在汽车上找出下列电器元件的位置。

制动灯开关、倒车灯开关、喇叭开关、油压报警开关、液面报警开关、电动玻璃窗开关、冷却风扇温控开关、转向灯开关、应急警告灯开关、雾灯开关、门控灯开关、电动座椅开关、电动后视镜开关、冷却液温度传感器、汽车油量传感器、前照灯变光开关等。

注意：以上开关可能在同一辆汽车上不是同时都有，由指导教师决定在具体车辆上要找哪些开关。

2. 根据以上开关，由指导老师提供电路原理图（如大众系列原理图），根据原理图上开关的原理结构图，理解开关的工作原理，并完成下列问题。

（1）图3-20所示为桑塔纳2000轿车点火开关示意图，叙述其工作通断情况。

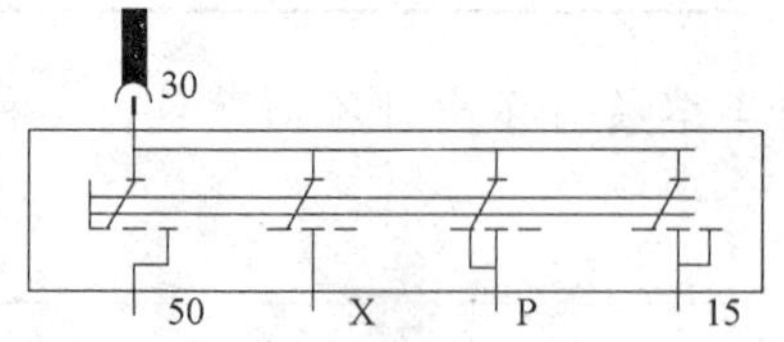

图3-20　桑塔纳2000轿车点火开关示意图

____

____

____

（2）图3-21所示为桑塔纳2000轿车应急灯开关，叙述其工作通断情况。

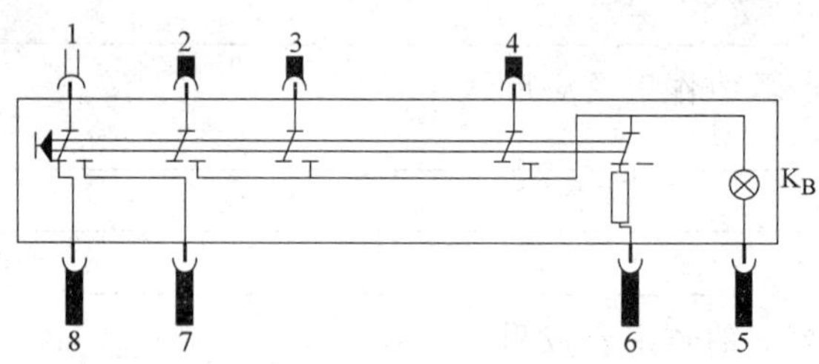

图3-21　桑塔纳2000轿车应急灯开关

____

____

____

3. 在汽车上操作各种开关（主要是照明系统、喇叭系统）。

4. 向指导教师索取组合开关、点火开关，通过万用表测试画出通断图。

（1）组合开关连通图，并判断转向灯的3根线。

(2) 点火开关关连通图，并判断点火开关的输入常相线、起动机供电线。

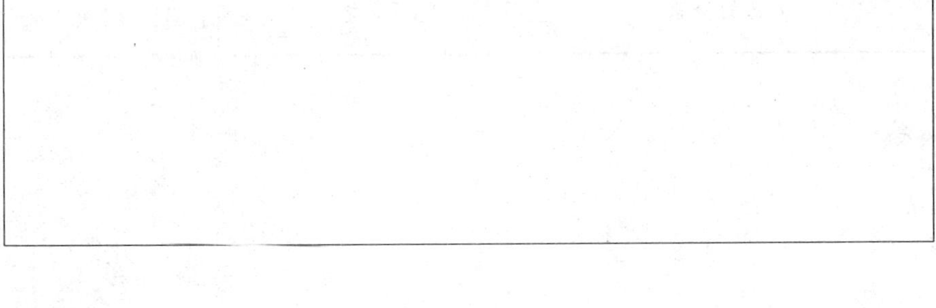

任务三　继电器的检测

1. 叙述继电器的作用是什么？

____

____

____

____

2. 图3-22所示为喇叭控制电路，分别用不同颜色标出控制电路与被控制电路。

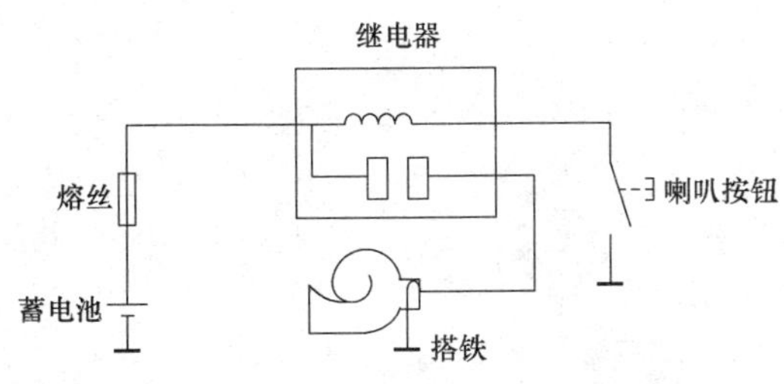

图3-22　喇叭控制电路

3. 由教师提供桑塔纳2000轿车雾灯控制电路图、雾灯开关、雾灯继电器，完成雾灯电路连接及调试。

单元学习鉴定表

单元	任务	鉴定一	鉴定二	学生签字	教师签字	通过日期
单元三　电器部件及检测	任务一　学习各种电路保护装置及其检测方法	□合　格 □不合格	□合　格 □不合格			
	任务二　开关元件的检测	□合　格 □不合格	□合　格 □不合格			
	任务三　继电器的检测	□合　格 □不合格	□合　格 □不合格			

单元四　汽车配线及修复

学习目标

学完本单元后，应了解汽车配线并掌握对汽车配线的修复。为达到以上目的，应掌握以下知识及技能。

1）知道汽车配线是怎样形成的。

2）知道导线规格的确定，及确定电路导线的线号。

3）知道汽车线束的作用及构成。

4）确认端子和插接器，并能进行维修。

5）正确连接铜、铝线，绞合屏蔽线。

学习信息

一、导线规格

常用导线有两种规范———美国线规（AWG）和公制规格。美国线规（AWG）：线号越大，线径越小。表4-1为美国线规（AWG）选择表。在选择导线长度时，导线正极与搭铁线都要测量，在图中寻找正确的线规时，应选用与电压、电流相匹配或比匹配大一号的线规。该图选择是基于电压降不超过10%来确定的，如果电压降要求不超过5%，则选择时要选大一号的。表4-2为美国线规（AWG）和公制规格的对比表。

表4-1　美国线规（AWG）选择表

12V	要求的线规/ft　（1ft＝0.3048m）														
电流/A	3	5	7	10	15	20	25	30	40	50	60	70	80	90	100
1	20	20	20	20	20	20	20	20	20	20	20	20	20	20	20
1.5	20	20	20	20	20	20	20	20	20	20	20	20	18	18	18
2	20	20	20	20	20	20	20	20	20	20	18	18	16	16	16
3	20	20	20	20	20	20	20	20	18	18	16	16	14	14	14
4	20	20	20	20	20	20	20	18	16	16	14	14	14	14	12
5	20	20	20	20	20	20	18	18	16	14	14	14	12	12	12

（续）

12V	要求的线规/ft　（1ft = 0.3048m）														
电流/A	3	5	7	10	15	20	25	30	40	50	60	70	80	90	100
6	20	20	20	20	20	18	18	16	14	14	14	14	12	12	10
7	20	20	20	20	20	18	18	16	14	14	12	12	12	12	10
8	20	20	20	20	18	16	16	14	14	12	12	12	10	10	10
10	20	20	20	20	18	16	14	14	12	12	10	10	10	10	8
12	20	20	20	18	16	14	14	14	12	10	10	10	8	8	8
15	20	20	20	18	16	14	12	12	10	10	10	8	8	8	6
20	20	20	18	16	14	12	12	10	10	8	8	8	6	6	6
24	20	18	16	14	14	12	10	10	8	8	8	6	6	6	4
30	18	16	16	14	12	10	10	10	8	8	6	6	6	4	4
36	16	14	14	14	12	10	10	8	8	6	6	4	4	4	4
50	14	14	14	12	10	8	8	8	6	4	4	4	2	2	2
100	14	12	10	8	8	6	6	4	4	2	2	1	0	0	2/0
150	12	10	8	6	6	4	4	2	2	1	0	2/0	2/0	3/0	3/0
200	10	8	6	4	2	2	2	1	0	2/0	3/0	4/0	4/0	4/0	

注：当机械长度是一个因素时，选用更大的线规。

表 4-2　美国线规（AWG）和公制规格的对比表

公制导线尺寸/mm^2	美国线规尺寸	公制导线尺寸/mm^2	美国线规尺寸
0.22	24	5.0	10
0.35	22	8.0	8
0.5	20	13.0	6
0.8	18	19.0	4
1.0	16	32.0	2
2.0	14	50.0	1/0
3.0	12		

导线规格选择主要考虑以下几个方面：

1）传输正常的电流：主要涉及导线电阻的确定（长度、截面积、温度）。

2）足够的机械强度。

3）辐射。

二、端子和插接器

为保障汽车上线束的连接，多采用插接器统一连接的方式。插接器主要由多个端子及多孔护套组成，都以成对连接。插接器分为铸塑插接器、防水型插接器等。图 4-1 所示为插接器的结构，图 4-2 所示为防水型插接器。由于插接器连接不良引起的电路故障是比较常见的。

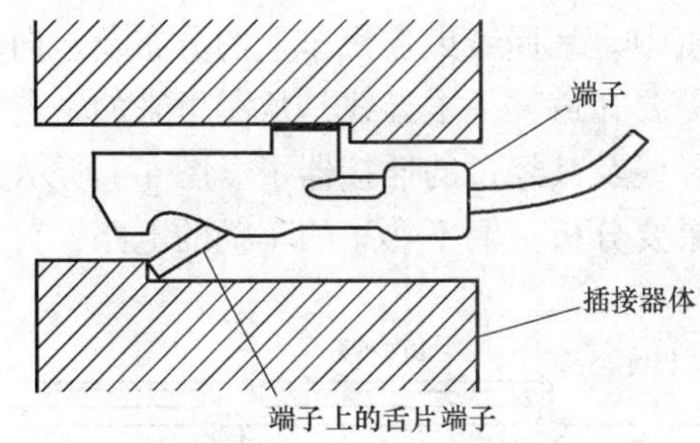

图 4-1　端子及护套

图 4-2　防水型插接器

三、线束

线束是分支到各电器部件的集束导线。使用线束能减少悬在发动机罩下或仪表下的零散导线的数目，规范导线布置。图 4-3 所示为上汽荣威油箱线束及插接器（图中 FT002、BY038 等为插接器代号）。

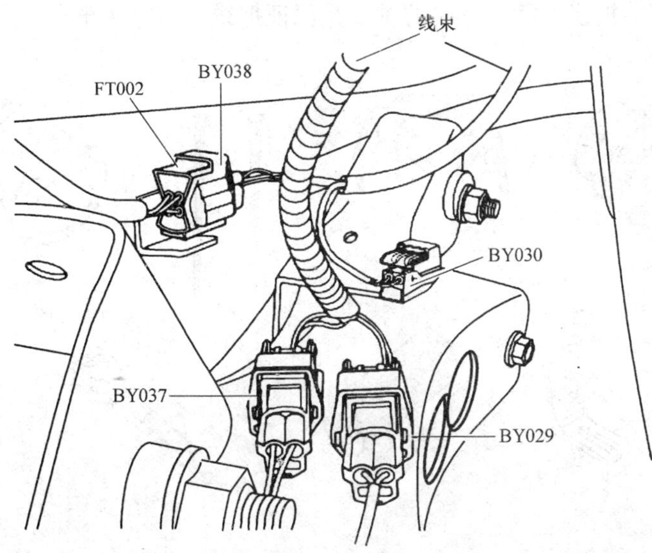

图 4-3　上汽荣威油箱线束及插接器

在汽车电路分析中，掌握线束在汽车上的分布及走向是很重要的。在电路检测时，往往需要知道某一根导线是从哪里来的，若知道线束的布置则很容易找到这个导线及其经过的插接器了。图 4-4 所示为尼桑天籁全车线束分布简图。如果要分析一辆不熟悉的车辆的电路，首先要做的就是画出其线束分布简图。

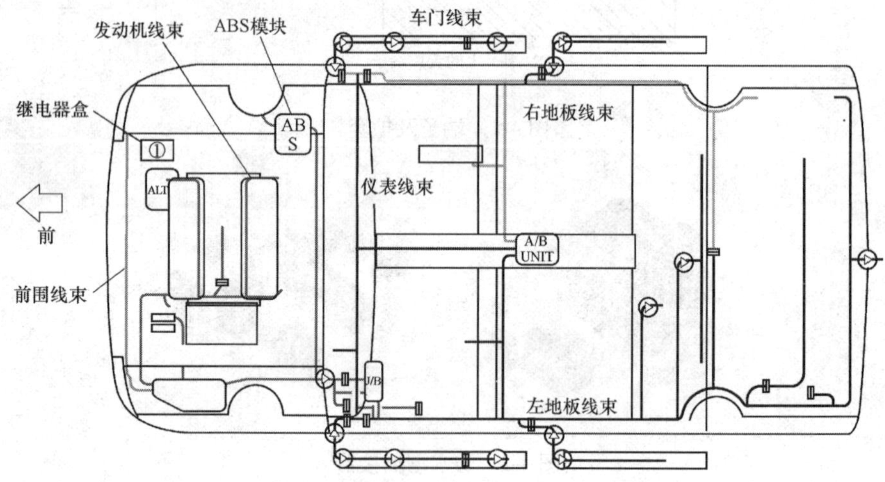

图 4-4　尼桑天籁全车线束分布简图

四、护线器件

汽车运行时是振动的，它的线束也在振动，如果线束与车身之间有相互运动，就会导致线束破损，致使导线短路，严重时会引起自燃。图 4-5 所示为典型的护线部件，其目的主要是保证把线束固定在车身上。

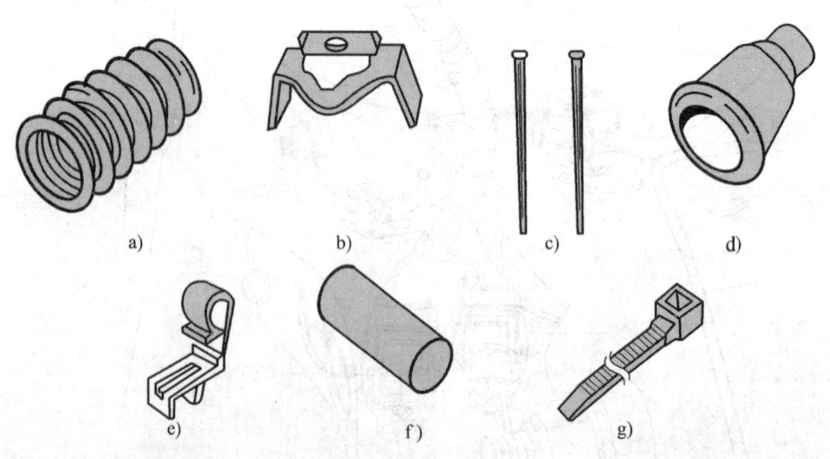

图 4-5　典型的护线部件

a）软管　b）保持架　c）扎带　d）护套　e）卡簧　f）套管　g）带箍

注意：

切勿用金属卡子在车架或车身上固定导线，以防止割透导线的绝缘层，引起短路或搭铁。

五、汽车配线

低压导线传输低电压和小电流，绝缘层较薄；高压导线传送高压电，例如点火系统中央高压线和分缸线属于高压线。低压电缆是传输大电流的导线，用于起动机、蓄电池连接和搭铁。高压导线和低压电缆的绝缘层都较厚。汽车低压导线由多股铜线拧成线芯，外面包裹聚氯乙烯（PVC）。铜的电阻低，且易于连接和修复。多股导线拧成线芯便称为多股线。之所以用多股线是因为电流具有表面流动性，同样标称截面的导线，多股线线芯露出的表面积比单股线大，电阻小，如图 4-6 所示。另外，多股线更软，便于安装。所以汽车上多采用多股线。

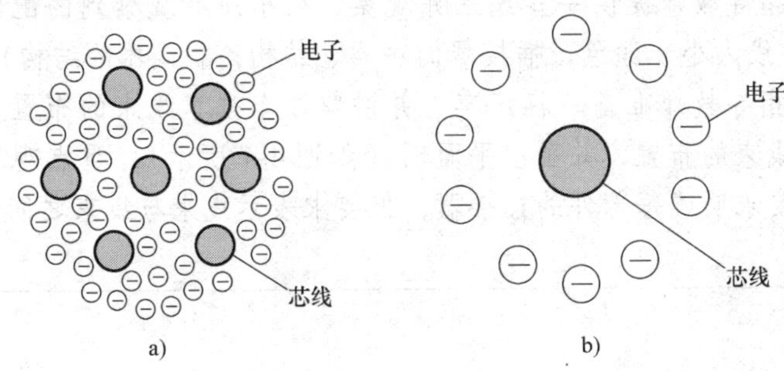

图 4-6 多股导线与单股导线为电子流动提供的表面积对比
a）多股线 b）单股线

1. 汽车配线原则

1）尽量避免重复布线，每一根导线力求最短。

2）尽可能减少连接焊点及接头。

3）合理选择导线的规格。

4）导线颜色选择应便于查清电路，不同用电设备，导线颜色不重复。

5）符合行业标准 QT/T 29106—2004《汽车低压电线束技术条件》的规定。

2. 名词术语

单色线：绝缘表面为一种颜色。

双色线：绝缘表面为两种颜色。颜色标注时，主色为先，后者为辅助色，如白/红，白色为主色。

主色：双色线中面积比例大的颜色。

辅助色：双色线中面积比例小的颜色。当导线截面积小于 0.5mm^2 时可以只有一条轴向条纹或螺旋形条纹。

图 4-7 所示为导线颜色在导线上的标识。

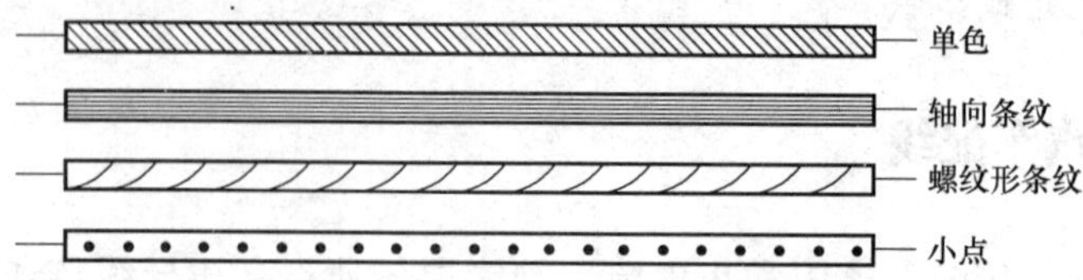

图 4-7　导线颜色在导线上的标识

单线制：车身为负极（搭铁）。一般亚洲汽车黑色为负极，欧洲汽车棕色为负极，且多采用公用负极（搭铁）。

任务一　分析车辆线束的特点及布置

1. 由指导教师提供一些线束并观察，列出所有观察到的配线的特点（重点在导线大小、颜色，插接器的种类、结构，护线器的结构）。

2. 由指导教师准备一辆汽车，并讲解该车全车线束的布置，由学生观察该车线束的布置，并画出平面图（如图 4-4 所示），重点观察主要插接器。不要求明确每部件的插接器，但要求表示线束与线束之间连接的插接器。

3. 由指导教师提供倒车灯、制动灯、机油报警灯等简单电路，由学生指出这些系统要经过哪些线束。

4. 选择桑塔纳倒车灯（注：倒车灯为 21W）导线规格，要求写出具体选择步骤。

任务二　导线及端子修复

1. 焊接操作

电焊质量按5个位置进行判断，如图4-8所示。对于导线，只能使用树脂助焊剂。酸性焊剂存在腐蚀问题，不适合此项工作。焊接后不要清理树脂助焊剂，因为树脂具有防腐作用，可以保护焊接部位。铝导线是不能焊接的，因为它在焊接加热时易氧化。

(1) 步骤1　焊接准备。

如图4-9所示，焊接部位必须清洁和光亮，如图4-9a所示；酸蚀或粘有润滑脂的线端（见图4-9b）应剥除。务必使焊接部位和双手保持清洁。

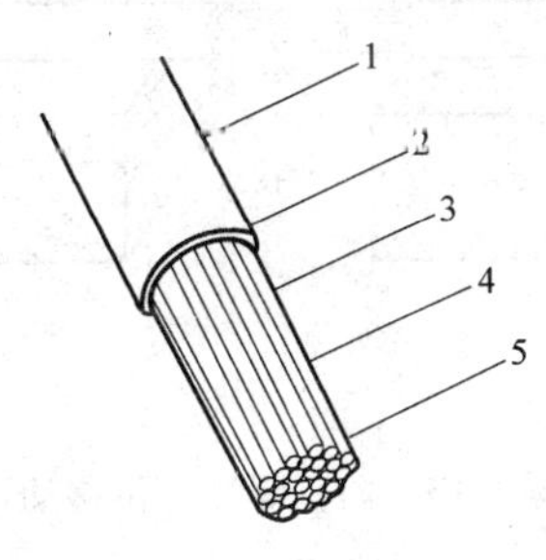

图4-8　电焊质量判断
1—没有或几乎没有焊锡渗透到绝缘部位　2—未受损的绝缘皮　3—焊锡完全渗透　4—表面平滑、有光泽　5—铜丝无分叉

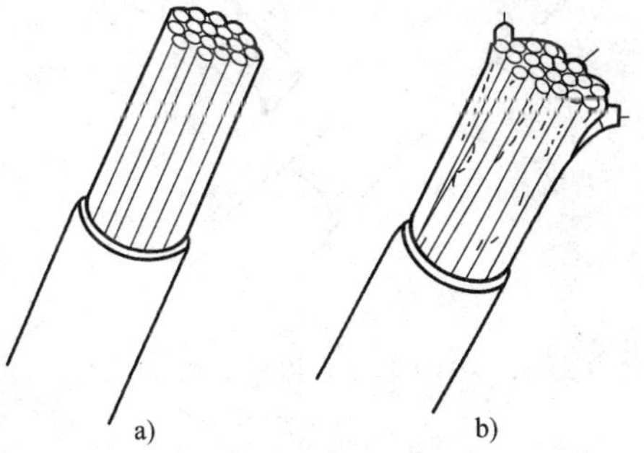

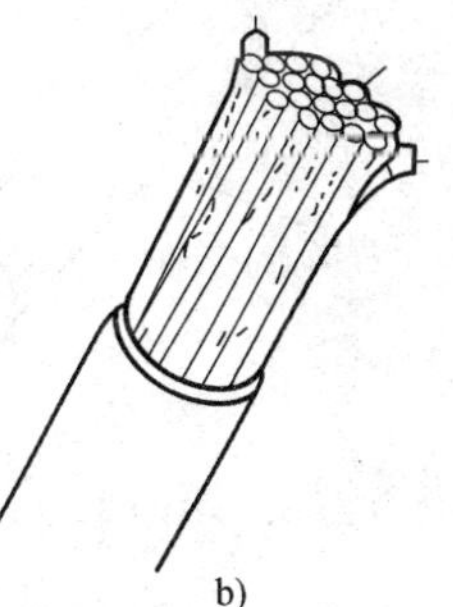

图4-9　焊接准备

(2) 步骤2　烙铁准备。

如图4-10所示，进行焊接前，烙铁头必须加热和粘锡。将烙铁预热至稍高于焊锡熔点的温度，然后在烙铁头上涂上焊锡或将烙铁放到焊接部位上以使接触面散热。如果助焊剂开始流溢，则表示预热温度合适。

(3) 步骤3　形成热桥。

如图4-11所示，使烙铁整个作业面接触焊接部位，并立即将焊锡加入烙铁和焊接部位形成的V形区。这个V形区称为热桥，在这里熔化的焊料加速传热，减短了焊接部位的受热时间。

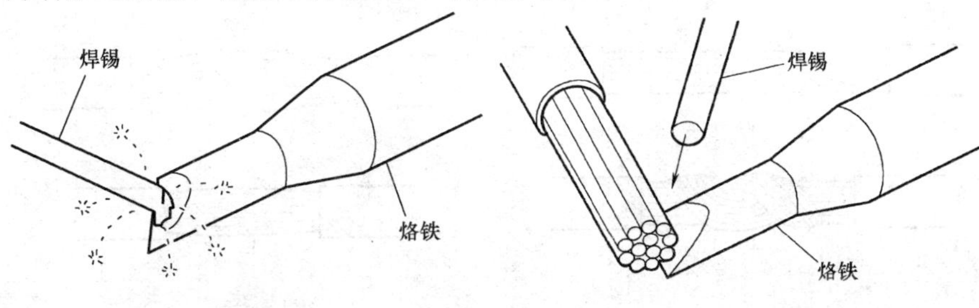

图4-10　烙铁准备

图4-11　形成热桥

(4) 步骤4 撤走烙铁。

如图4-12所示，焊接完毕时立即撤走烙铁，防止焊锡流出预定焊接部位。

(5) 步骤5 防止焊接部位移动。

如图4-13所示，防止焊接部位移动，直到焊锡冷却。如果在焊锡刚从液体变为固体时，焊接的两个部件发生相对移动，会削弱焊接点的牢固程度。最好不要重新焊接，因为重新焊接还要延长加热时间以再次熔化焊锡。开始前设置好支撑物，直到焊锡冷却后再撤走。

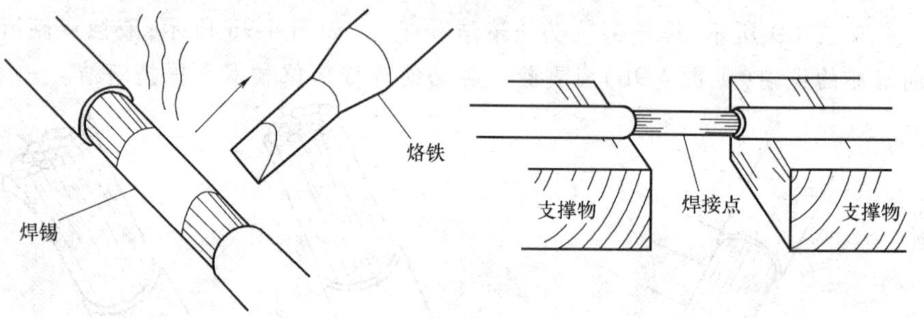

图4-12 撤走烙铁

图4-13 防止焊接部位移动

焊接好后交指导老师检查。

2. 连接导线

(1) 绞接接头 如图4-14所示。绞接简单而结实。

1) 剥开各导线绝缘皮20mm，如图4-14a所示。

2) 将芯线拧成紧密的一股。

3) 将它们绞合在一起，如图4-14b所示。

4) 用焊锡将接头焊接牢固。

5) 用PVC绝缘胶带包裹接头，以便绝缘。

重要注意事项：为防止短路或接地短路，绝缘前应去除接头上的所有穿刺。导线芯线或焊锡本身都有可能形成穿刺。它们会刺穿绝缘层。

(2) 搭接接头 如图4-15所示。搭接导线的步骤为：

1) 剥开绝缘皮约20mm并梳开芯线，如图4-15a所示。

2) 将芯线推合一起并沿相反方向扭绞端头，使接头连接紧实，如图4-15b所示。

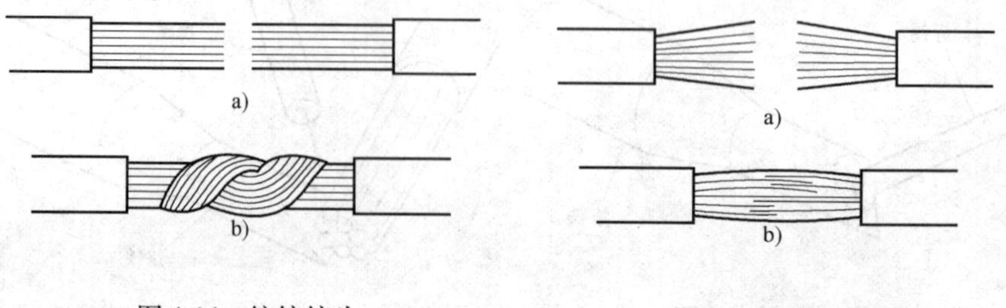

图4-14 绞接接头

图4-15 搭接接头

3）焊牢接头。

4）用 PVC 胶带包裹接头，以便绝缘。

图 4-16 所示为 Y 形搭接接头。Y 形接头用于连接与原线路并联的分路。图 4-17 所示为 T 形搭接接头。

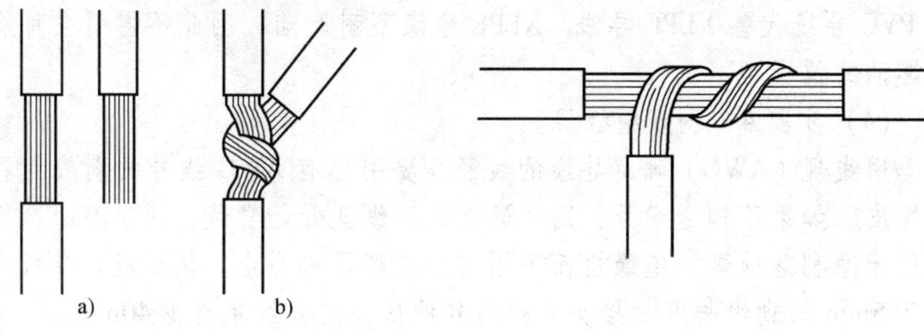

图 4-16　Y 形搭接接头　　　图 4-17　T 形搭接接头

重要注意事项：要获得好的搭接接头不容易，但这种接头更整洁，包上胶带后体积更小。

连接好后交老师检查。

3. 用压接端子搭接导线

压接端子包括在端子修理组件。压接端子是一种通用的导线修理装置。它不适合有特殊要求的应用场合，如防潮密封。

（1）步骤 1　打开线束。

线束可能用胶带包住或封装在塑料套管中。如果是用套管封装，只需打开套管并拉出所要的导线。如果线束是用胶带包住的，用裁缝刀（见图 4-18）打开线束。这可防止损坏线束内部导线的绝缘层。裁缝刀可在缝纫器材店买到。用尖头刃口在胶带上开一个小口，不要碰到任何导线，用圆头刃口按需要裁开胶带至一定的长度。注意不要割伤任何导线绝缘皮。

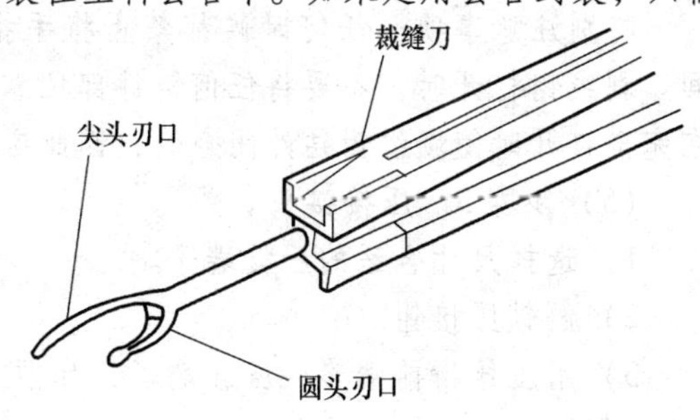

图 4-18　打开线束

（2）步骤 2　切断导线。

切断线束时应在线束上尽可能多地保留导线，这样，需要时还可以再进行切断。

重要注意事项：保证每个接头距离其他接头、分线束或连接器至少 40mm。这样可避免因为潮湿而使相邻的接头搭接短路，从而造成损坏。切勿割伤或割断铜芯线，否则会限制导线的载流容量。

（3）步骤 3　选择线径和类型正确的导线。

导线必须与原来导线的线径相同或更大（易熔线除外）。导线绝缘的额定温度必须相同或更高，对于不经受高温的部位，可采用普通绝缘(PVC)；对于预计温度会较高的部位，采用XLPE（交联聚乙烯）绝缘导线。

重要注意事项：可以用XLPE绝缘导线代替PVC绝缘导线，但不能用PVC导线代替XLPE导线。XLPE绝缘不耐燃油，因此不得用在可能接触燃油的位置。

(4) 步骤4　剥开绝缘层。

用线规（AWG）确定导线的线径。要用标有AWG线号的剥线钳剥掉绝缘皮。如果不知道线号，则从最大的剥线孔开始尝试，逐步减小，直到能够干净利落地剥掉绝缘皮而不划伤或割断导线为止。将剥线钳导板设置为7.5mm的剥线长度。接头应距离其他接头或分线束至少40mm。

用剥线钳按如下程序操作：

1）右手握住手柄，使夹口朝左。

2）左手握住导线，将导线端头压到导板上，直到进入上刃口上相应的凹口。

3）合上左侧手柄，在切断绝缘层前先牢固地夹住导线。

4）如果在剥开导线后剥线钳铸件卡在打开位置，向外拉动手柄，使工具迅速闭合。

5）检查已剥皮导线的芯线是否割伤或割断。

6）如果导线损坏，按上述程序再剥开一节导线。

待连接的导线的裸线段应等长。

特别注意事项：任何时候都禁止将手指放在夹口铸件和切口铸件之间。剥线钳打开时，不要将任何铸件部位靠在手上。剥线钳的铸件是用于在完全打开时使剥线钳猛然闭合的，因此应防止伤人。

(5) 步骤5　压接接头。

1）选择尺寸合适的压接端子。

2）解锁压接钳。

3）用压接钳前端略微压合端子，如图4-19所示。

4）选择合适的压接砧。

5）搭接两条绝缘层剥开的导线端，用拇指和食指捏住，如图4-20所示。

6）将压接端子置于裸芯导线下的中心位置，并将压接端子保持到位，如图4-20所示。确保导线从压接端子两端伸出；确保压接端子未夹住绝缘皮、芯线未割伤或松脱。

7）完全打开压接钳并将一只手柄靠在坚硬的平面上。

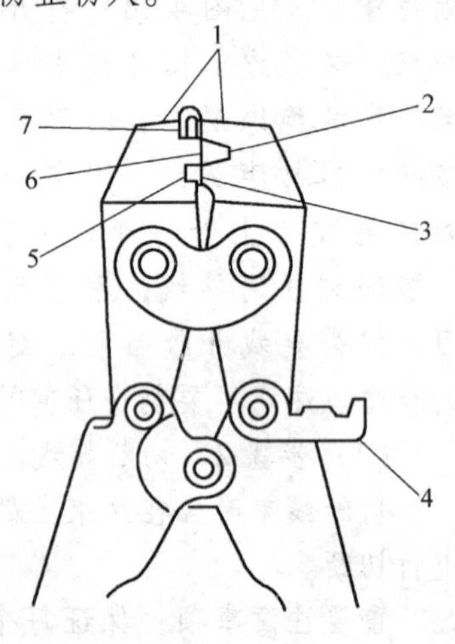

图4-19　压接钳

1—前端　2—模子　3—小压接砧　4—锁片　5—模子　6—大压接砧　7—压接端子

8）将压接端子的背面放在合适压接砧的中央，在模子接触端子压接边的位置点合上压接钳，如图4-21所示。

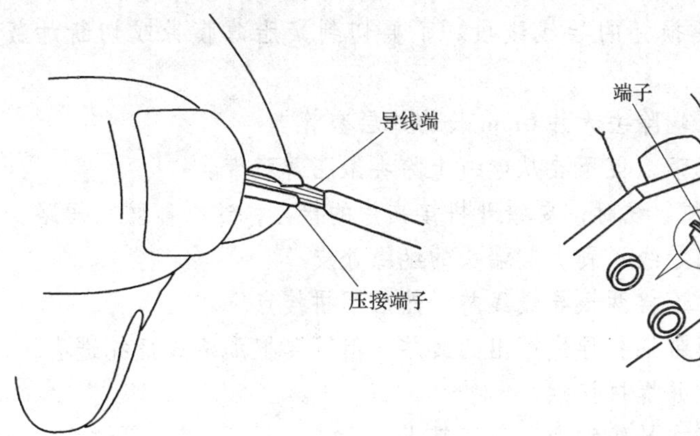

图4-20　搭接两条绝缘层剥开的导线端

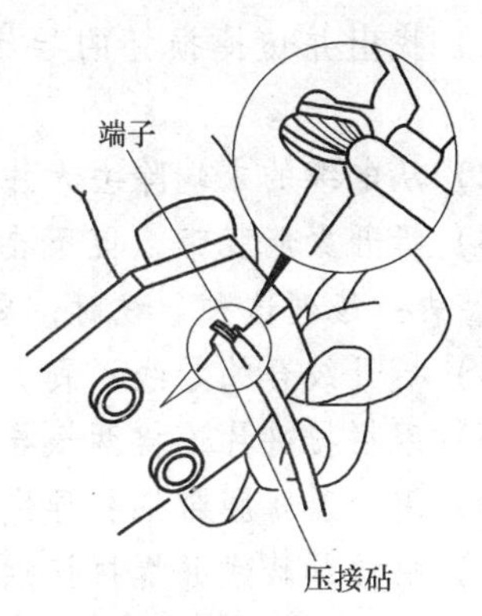

图4-21　压接

9）检查压接端子和导线是否仍在正确的位置上,然后用力合上压接钳。

10）在压接端子两端各压接一次。操作时，勿使压接钳超出压接端子边缘。

（6）步骤6　焊接。

将树脂芯焊料涂在压接端子背面的孔中，如图4-22所示，应确保没有图4-23所示的缺陷。

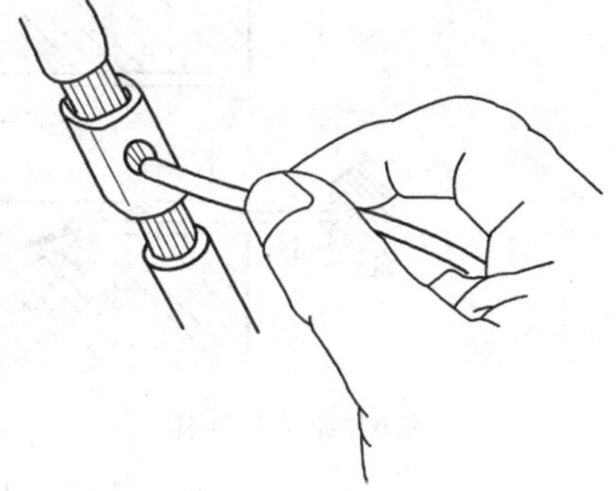

图4-22　压接后焊接

（7）步骤7　用胶带包住接头。

将一块50mm×50mm胶带对准接头并绕上。如果导线不封装在套管或其他线束护套内，则在原来的胶带上再缠上胶带，要完全覆盖原来的胶带。

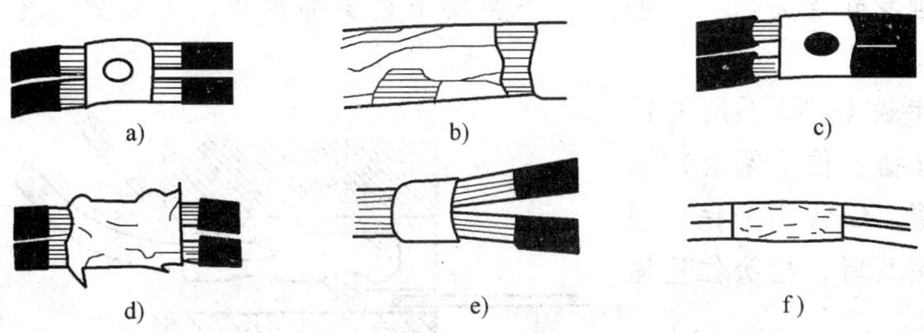

图4-23　压接缺陷

a）缺焊料，焊锡圆角不正确　b）过度烧损，不能用50mm接头胶带包住
c）绝缘层被夹到压接端子中　d）锋利的焊锡穿刺
e）导线未完全插入压接端子　f）胶带宽度小于50mm

压接好后交给老师检查。

4. 绞合/屏蔽导线的拼接

1）找出并切掉损坏的导线线段。不要切到聚脂薄膜带或切断加蔽线。

2）从电缆的末端除去大约6mm长的外层套管。

3）拆开聚脂膜带，但不要从电缆上除去聚脂薄膜带。

警告：修理这种导线时，要错开拼接夹片的接点，这样能防止短路。

4）拆开绞合的导线，剥去其端头的绝缘外皮。

5）用拼接夹片连接两根导线线芯，然后焊拼接点。

6）用聚脂薄膜带捆扎导线露出的线芯，但不要把加蔽线捆扎进去。

7）拼接加蔽线并焊拼接点。

8）将加蔽线绕在导线和聚脂薄膜带上。

9）用电工胶带或热缩管对电缆作绝缘处理。

5. 端子修理

（1）推入固定式、抽拉固定式插头和端子的修理　典型推入固定式插头和端子如图4-24所示，典型抽拉固定式插头和端子如图4-25所示。

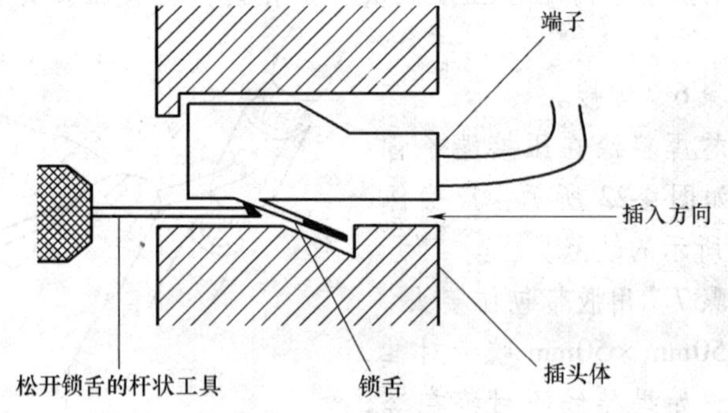

图4-24　典型推入固定式插头和端子

按照下述步骤修理推入固定式或抽拉固定式插头。插头可能不相同，但修理步骤均类似。有些插头不需要下述全部步骤，可略去不需要的步骤。

步骤1：拆下所有的CPA（插头位置保险）锁定装置。CPA用来保证插接上插头时，插头位置固定。

步骤2：拆下所有的TPA（端子位置熔丝）锁定装置。TPA用来防止端子由插头背面脱出。

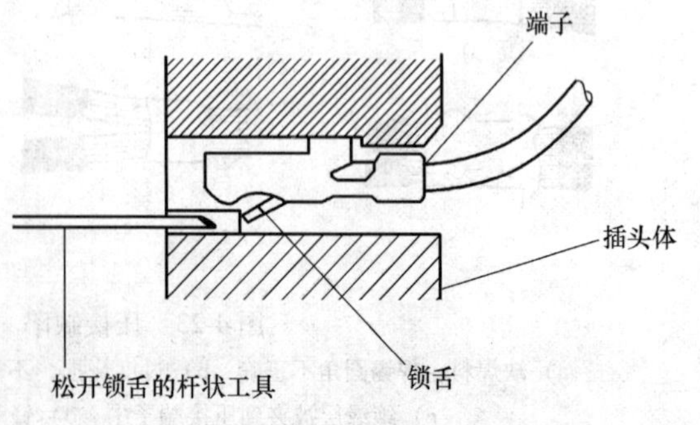

图4-25　典型抽拉固定式插头和端子

注意：TPA必须在拆端子以前拆下，修理或重新装入端子后TPA必须更换。

步骤3：打开第二道锁定装置。第二道锁定装置用以辅助端子固定，通常模压在插头上。

警告：不要把手指或身体挨着插接器。如果需要按端子的锁凸，窄口一字旋具有可能从背面推出而造成伤害。

步骤4：将插头两插接部分分开，去掉密封层。

步骤5：握紧引线，尽量向前推端子，将引线保持在这个位置不动。

步骤6：找出插头槽中端子锁舌的位置。

步骤7：由插头插接端沟槽直接插入一适当尺寸的杆状工具。

步骤8：压住锁舌使端子脱座。推入固定式：轻轻拉动引线，由插头背面拆下端子；抽拉固定式：轻轻推动引线，由插头正面拆下端子。

注意：由插头上拆端子时一定不要太用力。

步骤9：检查端子和插头是否损坏。根据需要进行修理。

步骤10：使锁舌复原，将端子插入插头体中，并插到锁定位置。如果插头原来有润滑脂，应重新涂上润滑脂。

步骤11：安装所有的CPA或TPA，关闭第二道锁定装置，将插头两部分插接在一起。

（2）全封装式插头和端子的修复　如图4-26所示。

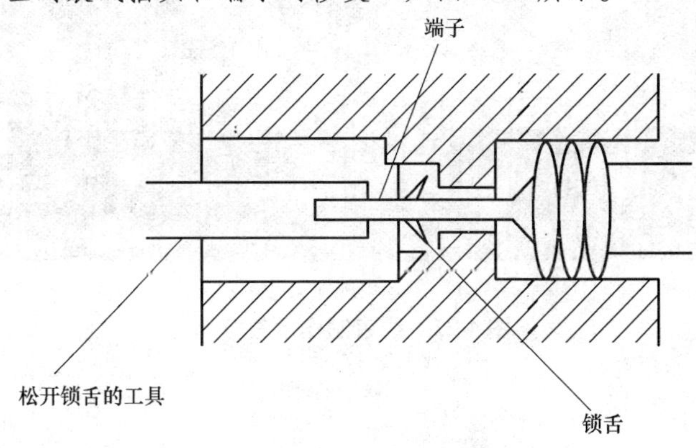

图4-26　全封装式插头和端子

按照下述步骤修理全封装式插头：

步骤1：将插头两插接部分分开。

步骤2：打开第二道锁定装置。第二道锁定装置用以辅助端子固定，通常模压在插头上。

步骤3：握紧引线，尽量向前推端子。将引线保持在这个位置不动。

步骤4：由插头插孔正面（插接面）插入一全封装引脚拆卸工具，一直插到插孔台肩处。

步骤5：由插头背面轻轻拉出引线，即可拆下端子。注意：由插头上拆端子时一定不要太用力。

步骤6：检查端子和插头是否损坏。根据需要进行修理。

步骤7：使锁舌复原，将端子插入插头体中，并使其入座。

步骤8：关闭第二道锁定装置，并将插头两部分插接在一起。

任务三　简单线束制作

根据桑塔纳2000GSi（也可根据具体设备选择）电路图，选择其中喇叭、制动灯电路，把这两个电路中的所有元件布置在一个1m² 的示教板上，如图4-27所示。要求学生做成这两个电路的线束，并调试。

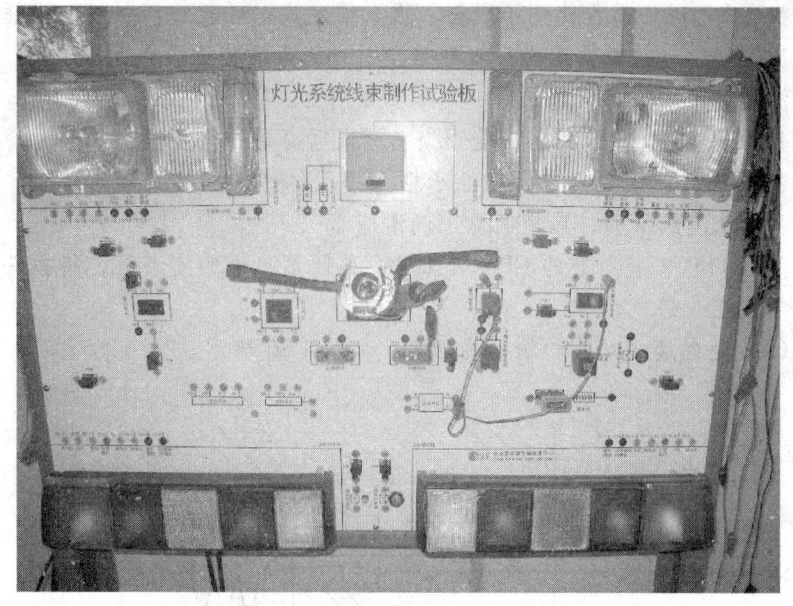

图4-27　线束制作示教板

单元学习鉴定表

单元	任务	鉴定一	鉴定二	学生签字	教师签字	通过日期
单元四 汽车配线及修复	任务一　分析车辆线束的特点及布置	□合　格 □不合格	□合　格 □不合格			
	任务二　导线及端子修复	□合　格 □不合格	□合　格 □不合格			
	任务三　简单线束制作	□合　格 □不合格	□合　格 □不合格			

单元五　汽车电路图识别

学习目标

学完本单元后，应掌握基础电学的理论及其在汽车电路中的应用。为达到以上目的，应掌握以下知识及技能。

1）读懂各车型的电路图。

2）会根据车型正确查阅电路图。

3）会根据电路图分析电路（只要求分析不含电控控制的照明系统、刮水器系统、喇叭系统）。

学习信息

一、汽车电路图的种类

汽车电路图的表达方法有线路图、原理图和线束图 3 种。

1. 线路图

汽车线路图如图 5-1 所示。

线路图中，电器部件的外形和安装位置都与实际情况相同，很方便查线，但读图不方便，只适用于汽车电器部件少、线路连接简单的传统汽车（如一些微型汽车）。

2. 线束图

如图 5-2 所示，线束图可很简单地找到有关电器部件与线束的连接点，但不方便查线和分析、排除故障。

3. 原理图

图 5-3 所示为原理图，它是目前最常见的电路图资料。

原理图是用简明的图形符号按电路原理将每个电器与电子控制系统合理连接，再将每个系统按一定顺序排列（系统包括：电源系统、起动系统、点火系统、照明系统、仪表系统、电子控制系统等）。

汽车的维修资料不仅仅提供了汽车电路图，同时提供该电路图要用到的相关资料如：图形符号含意、插接器位置、接地点位置、结束标记含意、导线颜色含意等。

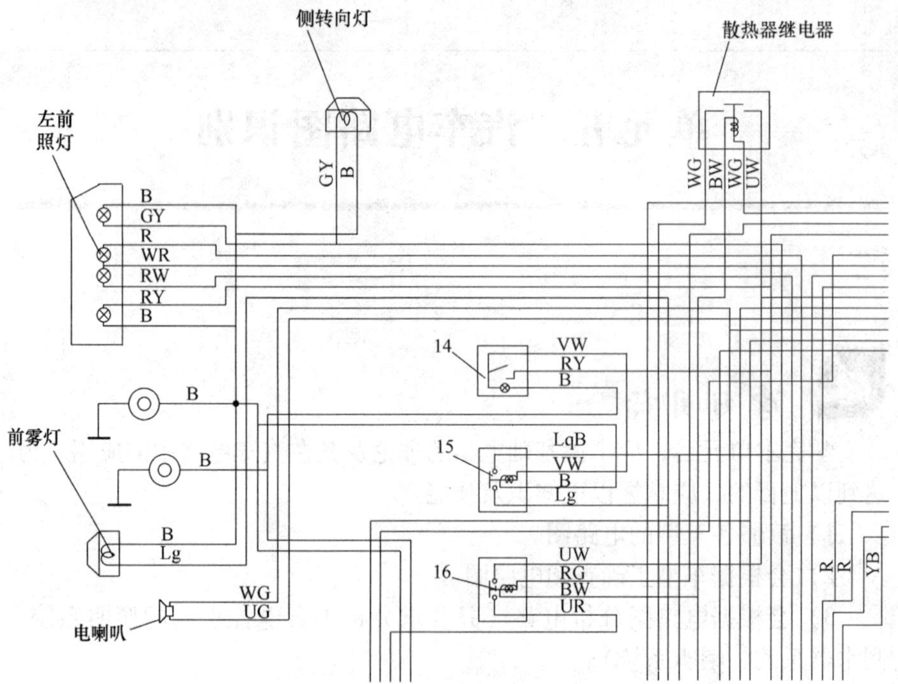

图 5-1　汽车线路图

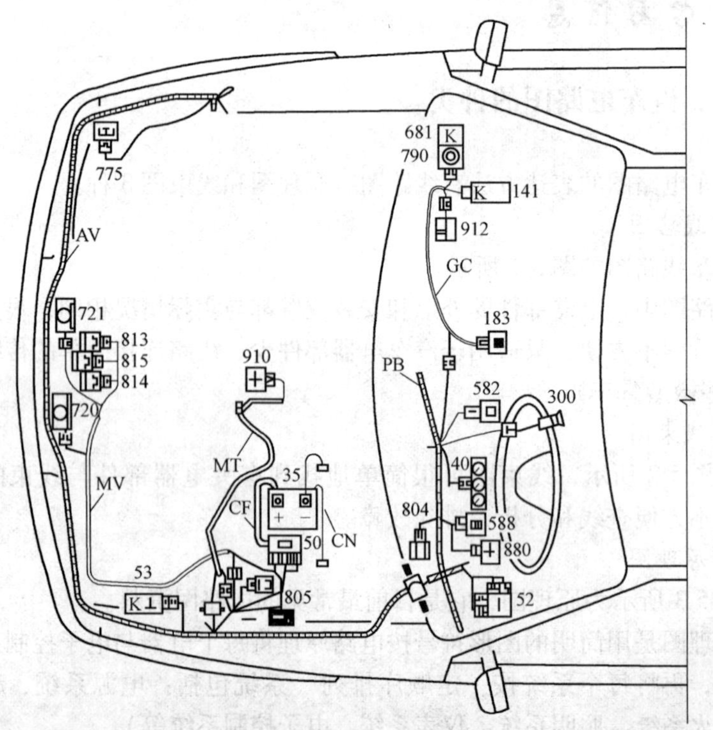

图 5-2　富康汽车制冷系统及风扇线束图

35—蓄电池　40—仪表盘　50—电源盒　53—冷却液温度传感器

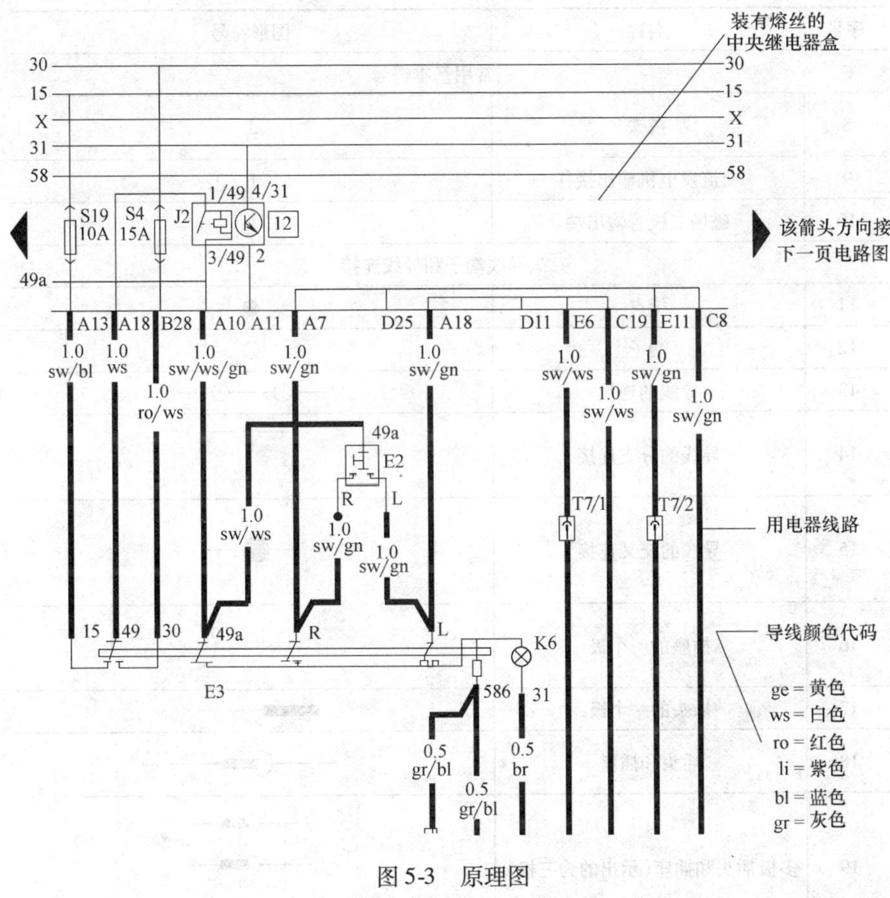

图 5-3　原理图

二、常用的图形符号

表 5-1 中的图形符号只是常用的图形符号。符号很形象地反映了该元件的结构及工作原理，在学习符号时，不用硬性记忆，只需理解其含意即可。

表 5-1　常用的图形符号

序号	名称	图形符号
一、常用基本符号		
1	直流	==
2	交流	～
3	交直流	≂
4	正极	+
5	负极	−
6	中性点	N
7	磁场	F

（续）

序号	名称	图形符号
一、常用基本符号		
8	搭铁	⊥
9	交流发电机输出接柱	B
10	磁场二极管输出端	D_+
二、导线端子和导线连接		
11	接点	●
12	端子	○
13	导线的连接	
14	导线的分支连接	
15	导线的交叉连接	
16	插座的一个极	
17	插头的一个极	
18	插头和插座	
19	多极插头和插座（示出的为三极）	
20	接通的连接片	
21	断开的连接片	
22	屏蔽导线	
三、触点开关		
23	动合（常开）触点	
24	动断（常闭）触点	
25	先断后合的触点	

（续）

序号	名称	图形符号
	三、触点开关	
26	中间断开的双向触点	
27	双动合触点	
28	双动断触点	
29	单动断双动合触点	
30	双动断单动合触点	
31	一般情况下手动控制	
32	拉拔操作	
33	旋转操作	
34	推动操作	
35	一般机械操作	
36	钥匙操作	
37	热执行器操作	
38	温度控制	t
39	压力控制	p

（续）

序号	名称	图形符号
	三、触点开关	
40	制动压力控制	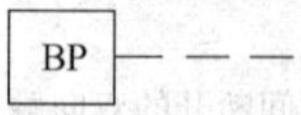 BP
41	液位控制	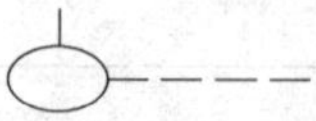
42	凸轮控制	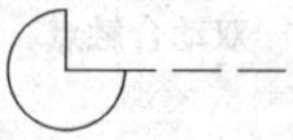
43	联动开关	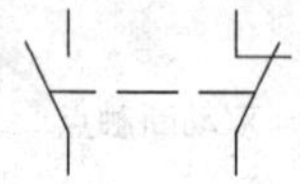
44	手动开关的一般符号	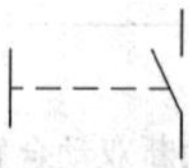
45	定位开关(非自动复位)	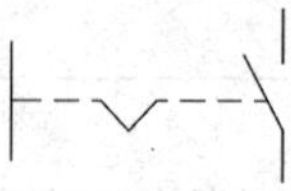
46	按钮开关	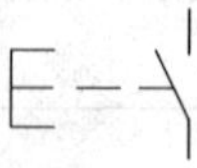
47	能定位的按钮开关	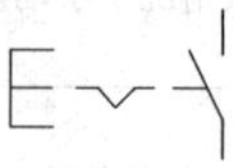
48	拉拔开关	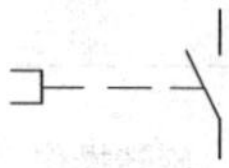
49	旋转、旋钮开关	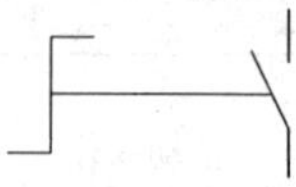
50	液位控制开关	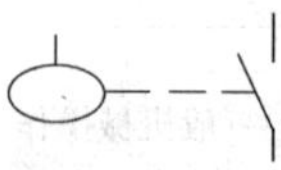
51	机油滤清器报警开关	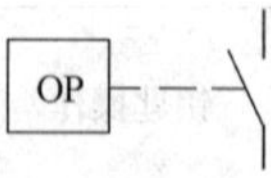 OP
52	热敏开关动合触点	 t°
53	热敏开关动断触点	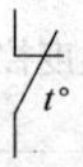 t°
54	热敏自动开关的动断触点	

（续）

序号	名称	图形符号
	三、触点开关	
55	热继电器触点	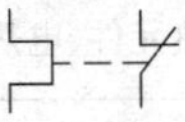
56	旋转多挡开关位置	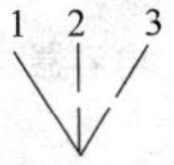 1 2 3
57	推拉多挡开关位置	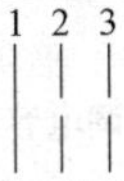 1 2 3
58	钥匙开关(全部定位)	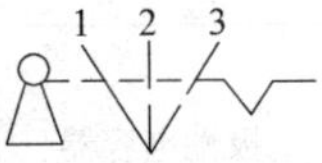 1 2 3
59	多挡开关、点火、起动开关，瞬时位置为2能自动返回到1（即2挡不能定位）	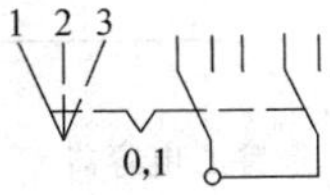 1 2 3 0,1
60	节流阀开关	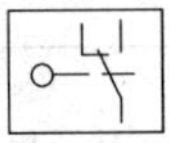
	四、电器元件	
61	电阻器	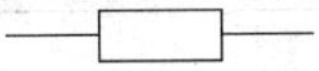
62	可调电阻器	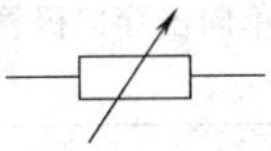
63	压敏电阻器	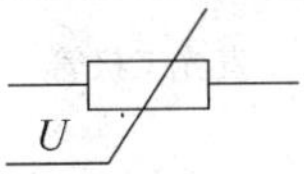 U
64	热敏电阻器	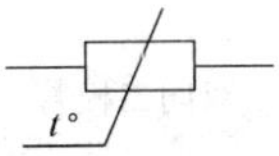 $t°$
65	滑线式变阻器	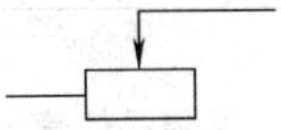
66	分路器	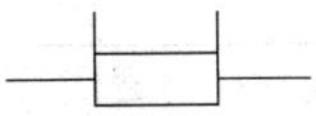
67	带滑动触点的电位器	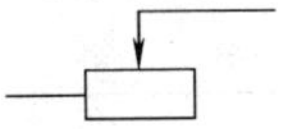
68	仪表照明调光电阻器	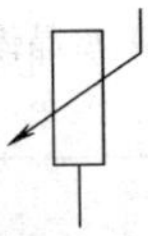
69	光敏电阻	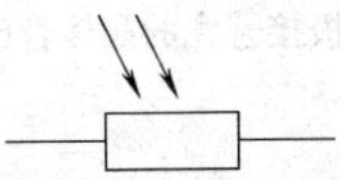

（续）

序号	名称	图形符号
四、电器元件		
70	加热元件、电热塞	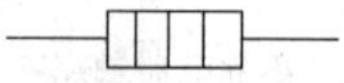
71	电容器	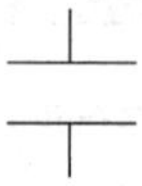
72	可调电容器	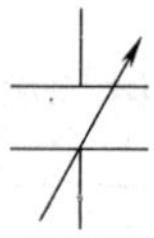
73	极性电容器	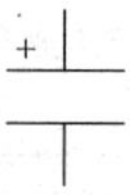
74	穿心电容器	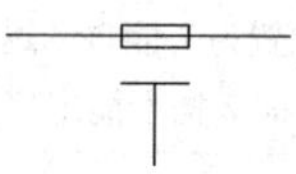
75	半导体二极管	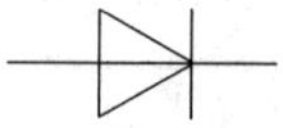
76	单向击穿二极管	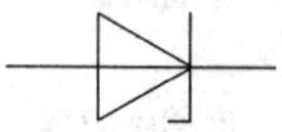
77	发光二极管	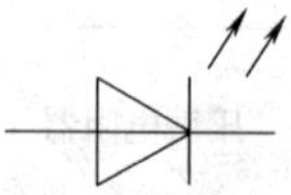
78	双向二极管	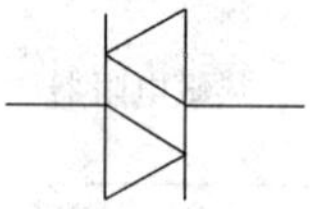
79	闸流晶体管	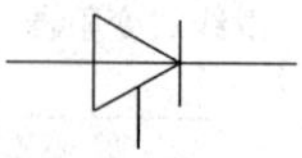
80	光敏二极管	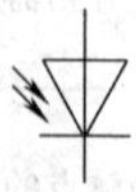
81	PNP 型晶体管	
82	集电极接管壳的晶体管（NPN）	

（续）

序号	名称	图形符号
	四、电器元件	
83	两电极压电晶体	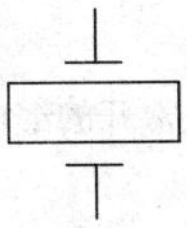
84	电感器、线圈、绕组、扼流圈	
85	带磁心的电感器	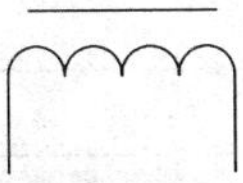
86	熔断器	
87	易熔线	
88	电路断电器	
89	永久磁铁	
90	操作器件一般符号	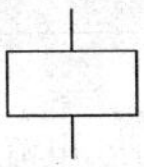
91	一个绕组电磁铁	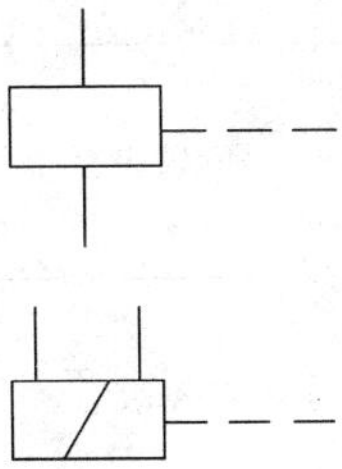
92	两个绕组电磁铁	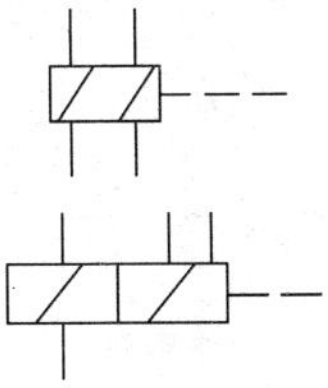
93	不同方向绕组电磁铁	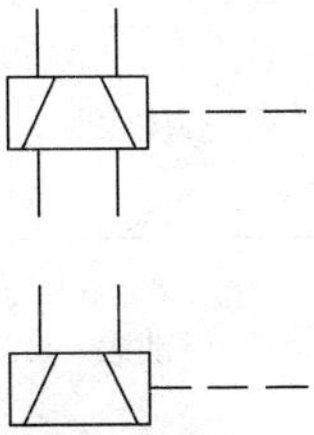

（续）

序号	名称	图形符号
	四、电器元件	
94	触点常开的继电器	
95	触点常闭的继电器	
	五、仪表	
96	指示仪表	*
97	电压表	V
98	电流表	A
99	电压、电流表	A/V
100	欧姆表	Ω
101	功率表	W
102	油压表	OP
103	转速表	n
104	温度表	$t°$
105	燃油表	Q

（续）

序号	名称	图形符号
	五、仪表	
106	车速里程表	V
107	电钟	
108	数字式电钟	
	六、传感器	
109	传感器的一般符号	*
110	温度表传感器	$t°$
111	空气温度传感器	$t°_{a}$
112	冷却液温度传感器	$t°_{w}$
113	燃油表传感器	Q
114	油压表传感器	OP
115	空气质量传感器	m
116	空气流量传感器	AF

（续）

序号	名称	图形符号
六、传感器		
117	氧传感器	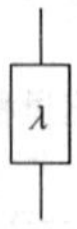 λ
118	爆燃传感器	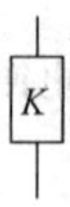 K
119	转速传感器	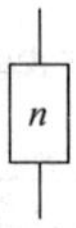 n
120	速度传感器	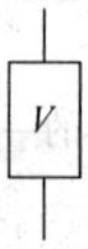 V
121	空气压力传感器	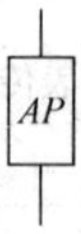 AP
122	制动压力传感器	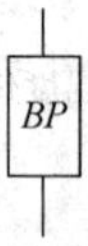 BP
七、电气设备		
123	照明灯、信号灯、仪表灯、指示灯	
124	双丝灯	
125	荧光灯	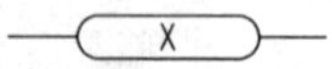
126	组合灯	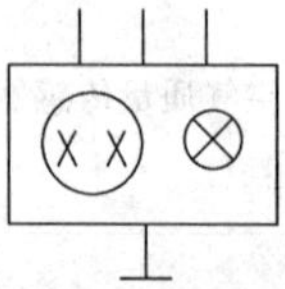
127	预热指示器	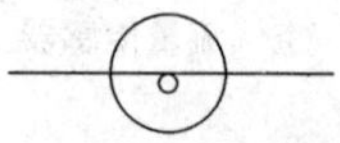

（续）

序号	名称	图形符号
七、电气设备		
128	电喇叭	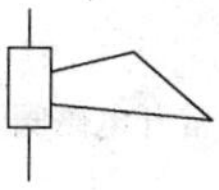
129	扬声器	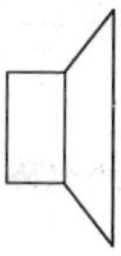
130	蜂鸣器	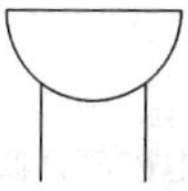
131	报警器、电警笛	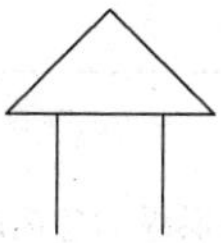
132	信号发生器	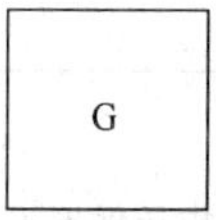 G
133	脉冲发生器	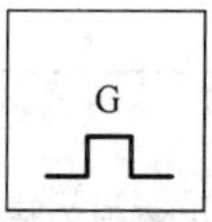 G
134	闪光器	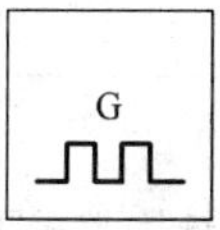 G
135	霍尔信号发生器	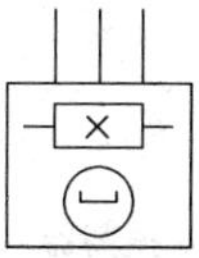
136	磁感应信号发生器	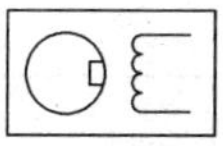
137	温度补偿器	 $t°$ comp
138	电磁阀一般符号	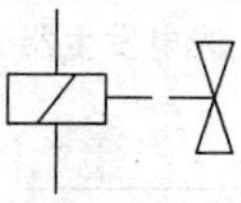

（续）

序号	名称	图形符号
七、电气设备		
139	常开电磁阀	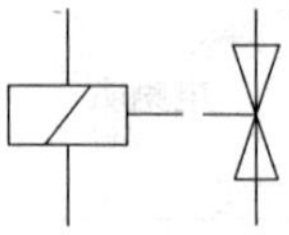
140	常闭电磁阀	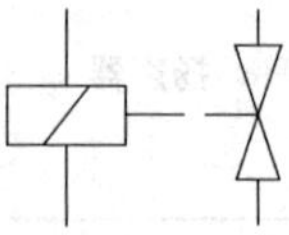
141	电磁离合器	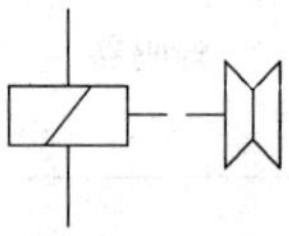
142	用电动机操纵的怠速调整装置	 M
143	过电压保护装置	 $U>$
144	过电流保护装置	 $I>$
145	加热器(除霜器)	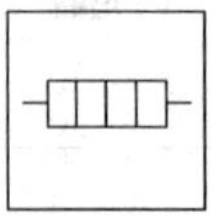
146	振荡器	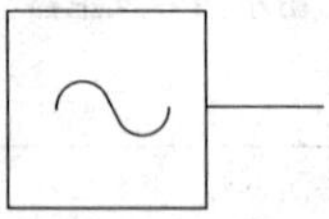
147	变换器、转换器	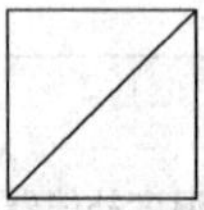
148	光电发生器	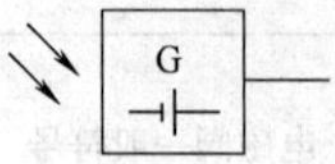 G

（续）

序号	名称	图形符号
七、电气设备		
149	空气调节器	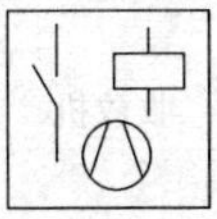
150	滤波器	
151	稳压器	 U const
152	点烟器	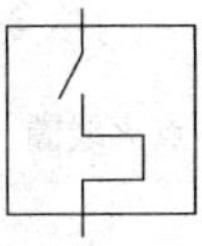
153	热继电器	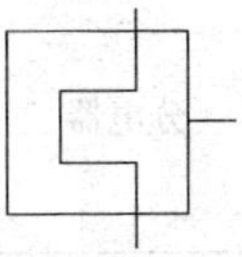
154	间歇刮水继电器	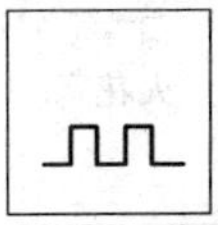
155	防盗报警系统	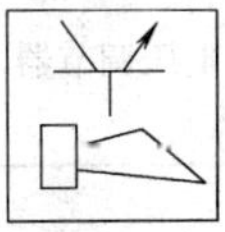
156	天线的一般符号	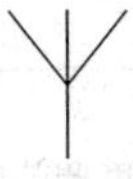
157	发射机	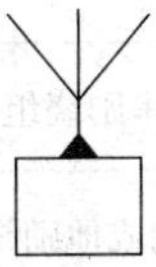
158	收放机	
159	内部通信联络及音乐系统	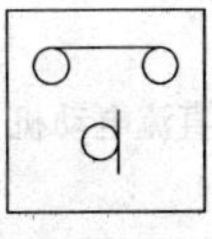

（续）

序号	名称	图形符号
	七、电气设备	
160	收放机	
161	电话机	
162	传声器	
163	点火线圈	
164	分电器	
165	火花塞	
166	电压调节器	U
167	转速调节器	n
168	温度调节器	$t°$
169	串励绕组	
170	并励或他励绕组	
171	集电环或换向器上的电刷	
172	直流电动机	M

（续）

序号	名称	图形符号
	七、电气设备	
173	串励直流电动机	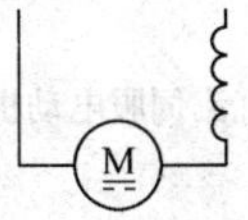
174	并励直流电动机	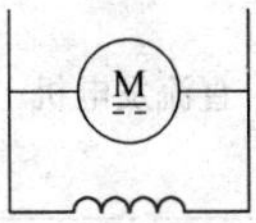
175	永磁直流电动机	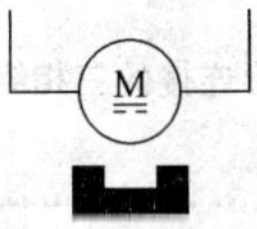
176	起动机（带电磁开头）	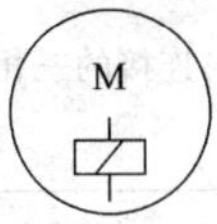
177	燃油泵电动机、洗涤电动机	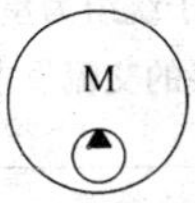
178	晶体管电动汽油泵	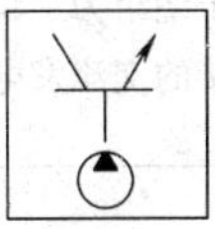
179	加热定时器	
180	点火电子组件	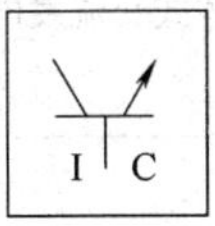
181	风扇电动机	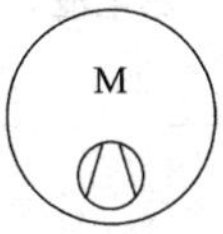
182	刮水电动机	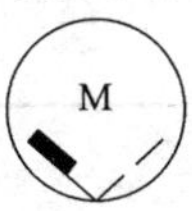
183	电动天线	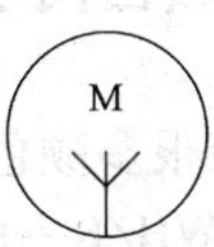

（续）

序号	名称	图形符号
七、电气设备		
184	直流伺服电动机	SM
185	直流发电机	G
186	星形连接的三相绕组	
187	三角形连接的三相绕组	
188	定子绕组为星形连接的交流发电机	G 3~
189	定子绕组为三角形连接的交流发电机	G 3~
190	外接电压调节器与交流发电机	G 3~ U
191	整体式交流发电机	G 3~
192	蓄电池	
193	蓄电池组	

三、导线颜色代号

汽车导线有很多颜色，为了便于表示，常用字母代号，如：WH—白色，R—红色，WH/R—白/红（白为主色，红为辅色的双色线）。各种类电路图中导线颜色代号大至相近，各图略有区别。表5-2为常用汽车电线颜色缩略语。

表5-2　汽车常用电线颜色缩略语

线色	常用缩写	中文	线色	常用缩写	中文
Black	BLK/B	黑色	Light Green	LT GRN	浅绿
Blue	BLU/BL	蓝色	Orange	ORG/O	橙色
Brown	BRN/BR	棕色	Pink	PNK/P	粉红
Clear	CLR/CL	透明	Purple	PPL/PP	紫色
Dark Blue	DK BLU	深蓝	Red	RED/R	红色
Dark Green	DK GRN	深绿	Tan	TAN/T	褐色
Green	GRN/G	绿色	Violet	VIO/V	粉紫
Gray	GRY/GR	灰色	White	WHT//W	白色
Light Blue	LT BLU	浅蓝	Yellow	YEL/Y	黄色

四、电路图阅读

1. 读懂电路图3个能力

1）理解电路图中各符号的含义。

2）掌握要分析的电路中各部件的工作原理，如开关，继电器等。

3）掌握电的基本原理，如电流从高电位到低电位等。

2. 基本要领

（1）认真读几遍图注　图注说明了该汽车所有电气设备的名称及其数码代号，通过读图注可以初步了解该汽车都装配了哪些电气设备。然后，通过电气设备的数码代号在电路图中找出该电气设备，再进一步找出相互连线、控制关系。

（2）牢记电气图形符号　汽车电路图是利用电气图形符号来表示其构成和工作原理的。因此，必须牢记电路图形符号的含义，才能看懂电路原理图。

（3）熟记电路标记符号　为了便于绘制和识读汽车电器电路图，有些电器装置或其接线柱等上面都标有不同的标志代号。

（4）牢记汽车电路特点　单线制、负极搭铁、用电设备并联。

（5）牢记回路原则　任何一个完整的电路都是由电源、熔断器、开关、控制装置、用电设备、导线等组成。电流流向必须从电源正极出发，经过熔断器、开关、控制装置、导线等到达用电设备，再经过导线（或搭铁）回到电源负极，才能构成回路。因此电路读图时，有3种思路：

1）沿着电路电流的流向，由电源正极出发，经过用电设备、开关、控制装置等回到电源负极。

2）逆着电路电流的方向，由电源负极（搭铁）开始，经过用电设备、开关、控制装置等回到电源正极。

3）从用电设备开始，依次查找其控制开关、连线、控制单元，到达电源正极和搭铁（或电源负极）。实际应用时，可视具体电路选择不同思路，但有一点值得注意：随着电子控制技术在汽车上的广泛应用，大多数电气设备电路同时具有主回路和控制回路，读图时要兼顾两回路。

（6）浏览全图，分割各个单元系统　要读懂汽车电路图，首先必须掌握组成电路的各个电器元件的基本功能和电器特性。在大概掌握全图的基本原理的基础上，再把一个个单元系统电路分割开来，这样就容易抓住每一部分的主要功能及特性。在框划各个系统时，一定要遵守回路原则，既不能漏掉各个系统中的组件，也不能多框划其他系统的组件。其一般规律是：各电器系统只有电源和总开关是公共的，其他任何一个系统都应是一个完整的独立的电器回路，即包括电源、开关（保险）、电器（或电子线路）、导线等。从电源的正极经导线、开关、熔丝至电器后搭铁，最后回到电源负极。

（7）熟记各局部电路之间的内在联系和相互关系　从整车电路来讲，各局部电路除电源电路公用外，其他单元电路都是相对独立的，但它们之间也存在着内在联系（如信号共享）。因此识图时，不但要熟悉各局部电路的组成、特点、工作过程和电流流经的路径，还要了解各局部电路之间的联系和相互影响。这是迅速找出故障部位、排除故障的必要条件。

（8）掌握各种开关在电路中的作用　对多层多挡接线柱的开关，要按层、按挡位、按接线柱逐级分析其各层各挡的功能。有的用电设备受两个以上单挡开关（或继电器）的控制，有的受两个以上多挡开关的控制，其工作状态比较复杂。当开关接线柱较多时，首先抓住从电源来的一两个接线柱，再逐个分析与其他各接线柱相连的用电设备处于何种挡位，从而找出控制关系。

对于组合开关，实际线路是在一起的，而在电路图中又按其功能画在各自的局部电路中，遇到这种情况必须仔细研究识读。

（9）全面分析开关、继电器的初始状态和工作状态　在电路图中，各种开关、继电器都是按初始状态画出的，即按钮未按下、开关未接通，继电器线圈未通电，其触点未闭合（指常开触点），这种状态称为原始状态。在识图时，不能完全按原始状态分析，否则很难理解电路的工作原理，因为大多数用电设备都是通过开关、按钮、继电器触点的变化而改变回路，进而实现不同的电路功能的。所以，必须进行工作状态的分析。

（10）掌握电器装置在电路图中的位置　大量电器装置是机电合一的，在电路图上表示时，厂家为了使画法既简单（便于画图）又便于识图，多根据实际情况采用集中或分开表示法。集中表示法是把一个电器装置的各组成部分，在图上集中绘制的一种表示方法。集中表示法仅适用于较简单的电路。分开表示法，如把继电器的线圈、触点分别画在不同的电路中，用同一文字符号或数字符号将分开部分联系起来。

(11) 先易后难 有些汽车电路图的某些局部电路可能比较复杂，一时难以看懂，可以暂时将其放在一边，待其他局部电路都看懂后，结合看懂的图中与该电路有联系的有关信息，再来进一步识读这部分电路。

(12) 搜集资料和经验积累 对于看不懂的电路要请教有关人员，同时还要善于查找、收集相关资料；深入研究典型汽车电路，做到触类旁通；特别注意实际工作经验的积累，新技术、新工艺的应用和创新。

此外，汽车电子控制系统越来越多，其读图方法除以上所述要领适用外，以下方法与步骤对汽车电子控制系统的读图很有帮助。

1）要以电控系统的 ECU 为中心，因为这是整个系统的控制中心，所有电器部件都必然与这里发生关系。

2）对 ECU 的各个接脚有大致印象，弄清楚分为几个区域，各区接脚排列的规律。

3）找出该系统给 ECU 供电的电源线有哪些，注意一般 ECU 都不止一根电源线，弄清楚各电源线的供电状态（如常相线或开关控制）。

4）找出该系统的搭铁线有哪些，注意分清哪些是在 ECU 内部搭铁，哪些是在车架上搭铁，哪些是在各总成机体上搭铁。

5）找出哪些是系统的信号输入传感器，各传感器是否需要电源，并找出相应的电源线，该传感器哪里搭铁。

6）找出系统的执行器有哪些，弄清电源供给和搭铁情况，电脑控制执行器的方式（控制搭铁端或电源端）。世界汽车分三大模块：欧洲、美国、亚洲。各模块电路图表示方法相近其中欧洲最为典型。其他电路可以举一反三。

五、主要车系电路图识别

1. 大众车系的电路图识别

图 5-4 所示为大众车系电路符号含义（按带［］的阿拉伯数字顺序解释）。

［1］此部分为中央线路板部分。“30”为常相线；“15”为点火开关接通后才有电的小容量电器相线；“X”为大容量电器相线；“31”为接地线。

整车电气系统正极电源分三路。“30”路电源为 12V，即与蓄电池直接相连，中间不经过任何开关，不论是停车时还是发动机处于熄火状态时均有电；“30”路电源专供诸如停车灯、制动灯、报警灯、顶灯、冷却电动机这类发动机熄火时也需用电的用电器，在接线图上以 30 编号。“15”路电源在原电气接线图上以 15 编号，要在点火开关 D 处于 2 位或 3 位时，当点火开关在 ON 档时开关将电源接通，“15" 电源才有电；“15”路电源一般向小功率用电器供电。“X”路电源也是 12V，必须在点火开关 D 处于 2 位时，开关将中间继电器（也有称卸荷继电器）J_{59} 接通，触头处

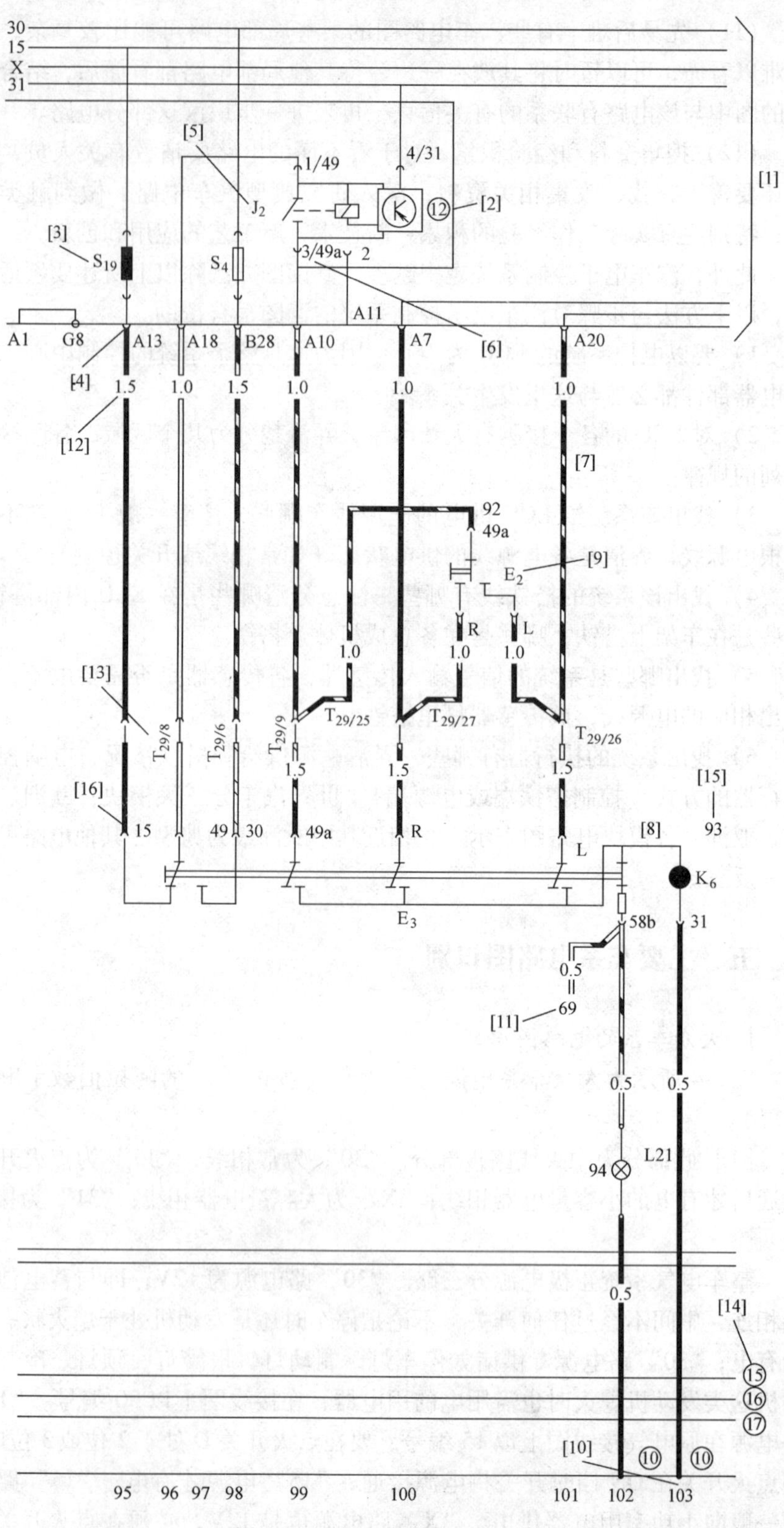

图 5-4　大众车系电路符号含义

于合上位置，“X”路电源才有电，图上以X编号；“X”路电源一般向大功率用电器供电。

［2］为中央电器装置正面板的位置号（见图5-5），在表示线路走向的同时，还表达了线路结构情况。汽车整个电气系统以中央电气装置（又称继电器-熔丝插座板）为中心，其正面继电器1～18和熔丝19标注在图（1）部分里，画有许多不同作用的继电器。在这些继电器右侧都有一个小圆圈，上面标有阿拉伯数字，这些数字既表示这些继电器插在中央电器装置正面板上的位置。如小圆圈里数字是12，表示在⑫左边的那个继电器插在中央电器装置正面板的第12号位置上。

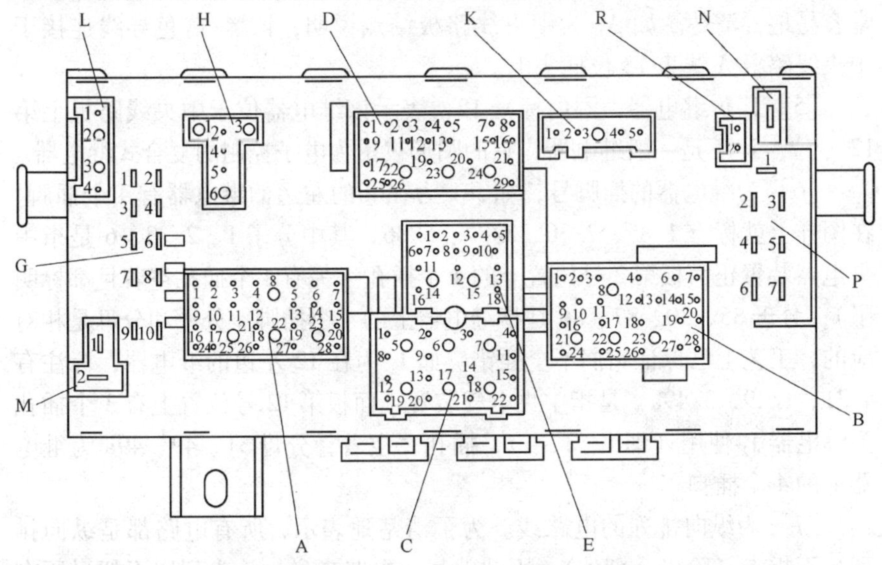

图5-5　桑塔纳轿车中央电器装置背面板结构图

A—用于仪表板线束，插件颜色为蓝色　B—用于连接仪表板线束，插件颜色为红色　C—用于连接发动机室左边线束，插件颜色为黄色　D—用于连接发动机室右边线束，插件颜色为白色　E—用于连接车辆后部线束，插件颜色为黑色　G—用于连接单个插头（主要用于冷却液不足指示控制器）　H—用于连接空调装置的线束，插件颜色为棕色　K、M、R—空位　L—用于连接双音喇叭等线束，插件颜色为灰色　N—用于单个插头（主要用于进气管预热器的加热电阻的电源）　P—用于单个插头（主要用于蓄电池相线与中央线路板“30”的连接，中央线路板“30”与点火开关“30”接线柱连接）

［3］S表示熔丝。如红色的S19、蓝色的S4表示熔断器。红色S19指容量为10A的熔断器，该熔断器位于中央线路板第19位。蓝色S4指15A熔断器，该熔断器位于中央线路板第4位。如果用绿色表示，则该熔断器为30A；用黄色表示，则该熔断器容量为20A。熔丝共分30A、20A、15A、10A 4种，外表分别涂以绿、黄、蓝、红4色。

［4］为中央继电器装置的背面组合式插头号。如图5-5所示，在中央电气装置的背面是各种形式的组合式插头，每一个组合式插头都有一个英文字母作为它的代号，并分别和各种线束上的组合式插座插接。几根主要

线束各自只有一只组合式插座。在这种线束里，所有电线在一个英文字母下被编成从 1 开始的不同序号。例如发动机室左线束只有一个黄白的组合式插座，它和中央继电器装置背面代号为 C 的组合插头插接。凡是接点（图样上的灰白交接部分）标有 C 字的任何电线都在发动机室左线束里。要找某一根电线时，只要根据它在中央继电器装置背面接点的字母，就可以判断它在哪一线束里，然后在确定的线束里找到这根电线，这样就避免了相同颜色的电线混淆不清的情况。中央电器装置内部电路纵横交错，且呈立体状分布，其正面板上继电器插座或熔丝插孔和背面插头之间的各种电路联系，能通过图样里灰色部分中的线路走向把各条线路的来龙去脉非常容易地弄清楚。如 A_{13} 为中央线路板结点说明，该黑/蓝色导线连接于中央线路板 A 线束 13 位插头上。

[5] J_2 位继电器，圈内标号 12，表示该继电器位于中央线路板上第 12 号位。J_2 不是一般继电器，它的图形表示为电子控制的复合式继电器。

[6] 为继电器的插脚号，如 J81 为在②的左边的继电器有 4 个插脚，在图样上就标有 1/85、2/30、3/87、6/86，其中分子 1、2、3、6 是指中央电器装置正面板第 2 号位置上的 4 个插孔（另有 4 个插孔空着且都标明了）；分母 85、30、87、86 是指继电器上的 4 个插脚。分子和分母是相对应的，工艺上已保证它们不全插错。如 J_2 为在 12 左边的继电器，标注有 4/31、1/49、3/49a，是指中央电气装置正面板第 12 号位置上有 3 个插孔为继电器 J_2 使用（即 1、3、4），插孔 2 空着，分母 31、49、49a 为继电器上的 4 个插脚。

[7] 为纵向排列的电路线。为了清楚地表示，所有电路都是纵向排列，不折走（除极个别外）。因此就某一电路来说，从头到尾不超过所在图样纵向的 3/4。一般地说，某一条电路在电路图中所占篇幅限制在某一部分，这样相同系统的电路归纳在一起，基本电路就有条理地从左到右按电源、起动机、点火装置、组合仪表、照明设备、转向和报警闪光装置、刮水和喷水系统、双音电喇叭等进行编排。

[8] 为内部连接线，用细线表示，是元件总成内部的导线连接，不使用导线。

[9] 为电路图中电器零件的代号。在电路原理图中标明有各代号的含义。

[10] 为电路号码，用以方便地查找电路，如在 103 号电路上有报警（闪光）指示灯 K6。

[11] 为导线应接的电路的号码。有些线路比较复杂的设备，比如前照灯近远光，它工作时要牵涉到点火开关、灯光开关和变光开关等，这 3 个开关不在一条纵线上，如按传统画法，必定要画一些横线使它们有机地连贯起来。但这样一画，图样上就会出现零星横线，破坏了图样的纵向性，增加了读图的困难。为此，德国大众汽车公司采用断线带号法解决这个问题。如某一条电路上半段在电路号码为 5 的位置上，下半段的电路号

码为10的位置上时，上半段电路终止处画一小方框，内标10，说明下半段电路应在电路号码为10的位置上寻找；下半段电路开始处也有一小方框，内标5，说明上半段电路应在电路号码为5的位置上寻找，通过这4个数字，上、下半段电路就有机地联在一起了。采用这种方法后，即使再复杂的图样上也看不到一根横线，线路简洁，大大地缩短了读图的时间。

[12] 为导线大小，1.5为线大小1.5mm^2。

[13] 表示29孔插接器，有些地方有T2a、T2b等，表示2孔插接器，但后面加个a、b等，因为2孔插接器可以有多个，为了区别另外不同的2孔，在后面加个后缀。

[14] 为接地线标志。①蓄电池与车身搭铁线；⑨搭铁点：在带熔丝座的继电盘的支架上；⑩搭铁点：在仪表板面且固定在仪表盘上；⑭转向器搭铁线；⑮搭铁点：位于前线束的绝缘软管内；⑯搭铁点：在仪表板线束内，外包绝缘胶带；⑰搭铁点：在后线束的绝缘软管内。负极搭铁（接地）线采用金属编织线，许多重要电器的搭铁线均采用直接与蓄电池负极相连。发动机与车身、变速器与车身之间除了金属接触外，还有专门的地线相连，这样保证其工作可靠性。采用负极接地与电子器件的负极接地相吻合，便于汽车电气电子化。

[15] 为零件号。

[16] 在导线尾部标的数字表示有名称的接线柱，其名称与原零件上的一致。如导线尾部标有“15”字样，表示为E_3开关的“15”拉线柱。E_3为报警灯开关部件。若其他导线尾部也标有此数字，则两线应连接。

2. 富康车系电路图识别

富康轿车电气线路的画法沿用了法国雪铁龙公司的原厂资料的画法，一些电路和元器件的符号与通常的电路图有些不同，比较形象，尤其是它对插接器的代号含义。

(1) 线路颜色代码　电路图中用代码标明了各导线的颜色，其导线的颜色代码见表5-3。

表5-3　富康车系电路图中导线的颜色代码

代码	颜色	代码	颜色
N	黑色	Bl	湖蓝
M	栗色	Mv	深紫
R	大红	Vi	紫罗蓝
Ro	粉红	G	灰色
Or	橙色	B	白色
J	柠檬黄	Lc	透明
V	翠绿		

电路图中各导线都标明其所在线束的代号，为寻找线路的方位和走向提供方便。各线束代号见表5-4。

表5-4 线束代码

线束代号	线束名称	线束代号	线束名称
AV	前部	MT	发动机（和电控喷油系）
CN	蓄电池负极电缆	MV	电动风扇
CP	蓄电池正极电缆	PB	仪表板
EF	行李箱照明灯	PC	司机侧门
FR	尾灯	PD	右后门
GC	空调	PG	左后门
HB	驾驶室	PL	顶灯
PP	乘客侧门	RD	右后部
RG	左后部	RL	侧转向灯
UD	右制动蹄片磨损指示器	UG	左制动蹄片磨损指示器

（2）插接器表示方法　富康轿车电气线路中的插接器有4种类型，在电路图中均用标有字母和数字的矩形线框表示插接器的类型和颜色、插接器的插脚数和该插脚的位置等，如图5-6所示。

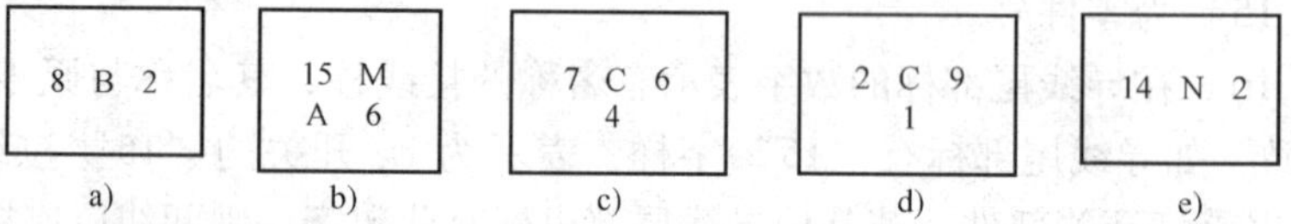

图5-6　电路图中插接器的表示

a）单列插接器　b）双列插接器　c）前围板插接器　d）前围板插接器　e）14脚圆插接器

1）单列插接器。单列插接器仅有一排插脚或插孔，插接器及各插脚在电路图中的表示示例如图5-6a所示，说明如下：

左边的数字表示脚（孔）数，此例“8”表示该插脚器有8脚（孔）；中间的字母表示颜色，此例“B”表示该插接器为白色；右边的数字表示第几号线，此例“2”表示是该插接器中的第2号线。

2）双列插接器。双列插接器有两排插脚或插孔，插接器及各插脚在电路图中的表示示例如图5-6b所示，说明如下：上排数字表示脚（孔）数，此例“15”表示该插脚器有15脚（孔）；上排字母表示颜色，此例“M”表示该插接器为栗色；下排字母表示列数，此例“A”表示是该插接器中的A列；下排数字表示第几号线，此例“6”表示是A列的第6号线。

3）前围板插接器。前围板插接器位于风窗玻璃左下侧的车身内，用于前部线束和仪表板线束的连接。它共有62个插孔，如图5-7所示，由8个7脚接线板和两个2脚接线板与之连接。前围板插接器及各插脚在电路图中的表示示例如图5-6c、图5-6d所示。

图5-6c说明如下：上排左边数字表示脚（孔）数，此例“7”表示

该插脚器有7脚（孔）；上排中间字母“C”表示是前围板插接器；上排右边数字表示组数，此例“6”表示是第6组插接器；下排数字表示第几号线，此例“4”表示是该插接器的第4号线。

图5-6d说明如下：上排左边数安表示脚（孔）数，此例“2”表示该插脚器有2脚（孔）；上排中间字母“C”表示是前围板插接器；上排右边数字表示组数，此例“9”表示是第9组插接器；下排数字表示第几号线，此例“1”表示是该插接器的第1号线。

图5-7　62孔插接器排列

4）14脚圆插接器。14脚圆插接器位于发动机罩下左侧的熔断器盒内，用于前部AV线束与发动机MT线束的连接，呈黑色。插接器及各插脚在电路图的表示方法如图5-6e所示，说明如下：左边的数字14表示是14脚插接器；中间的字母N表示插接器为黑色；右边的数字表示第几号线，此例“2”表示是该插接器中的第2号线。

3. 电路图及线路布置图识别示例

图5-8所示为富康车系电路图含义。

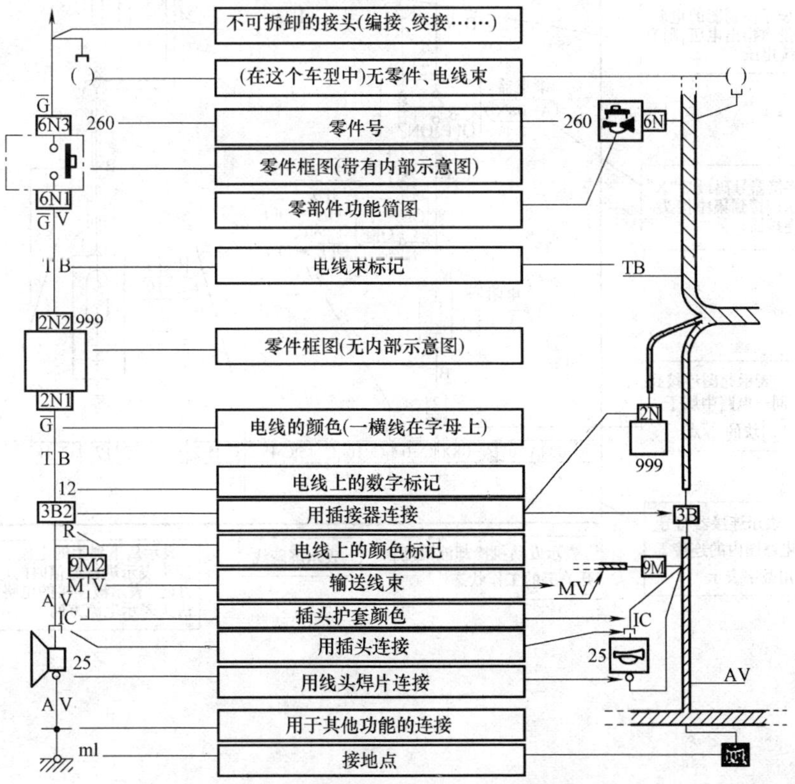

图5-8　富康车系电路图和线路布置图识图示例

4. 日本车系电路图识别

图 5-9、图 5-10 所示为日本车系电路图各符号含义。

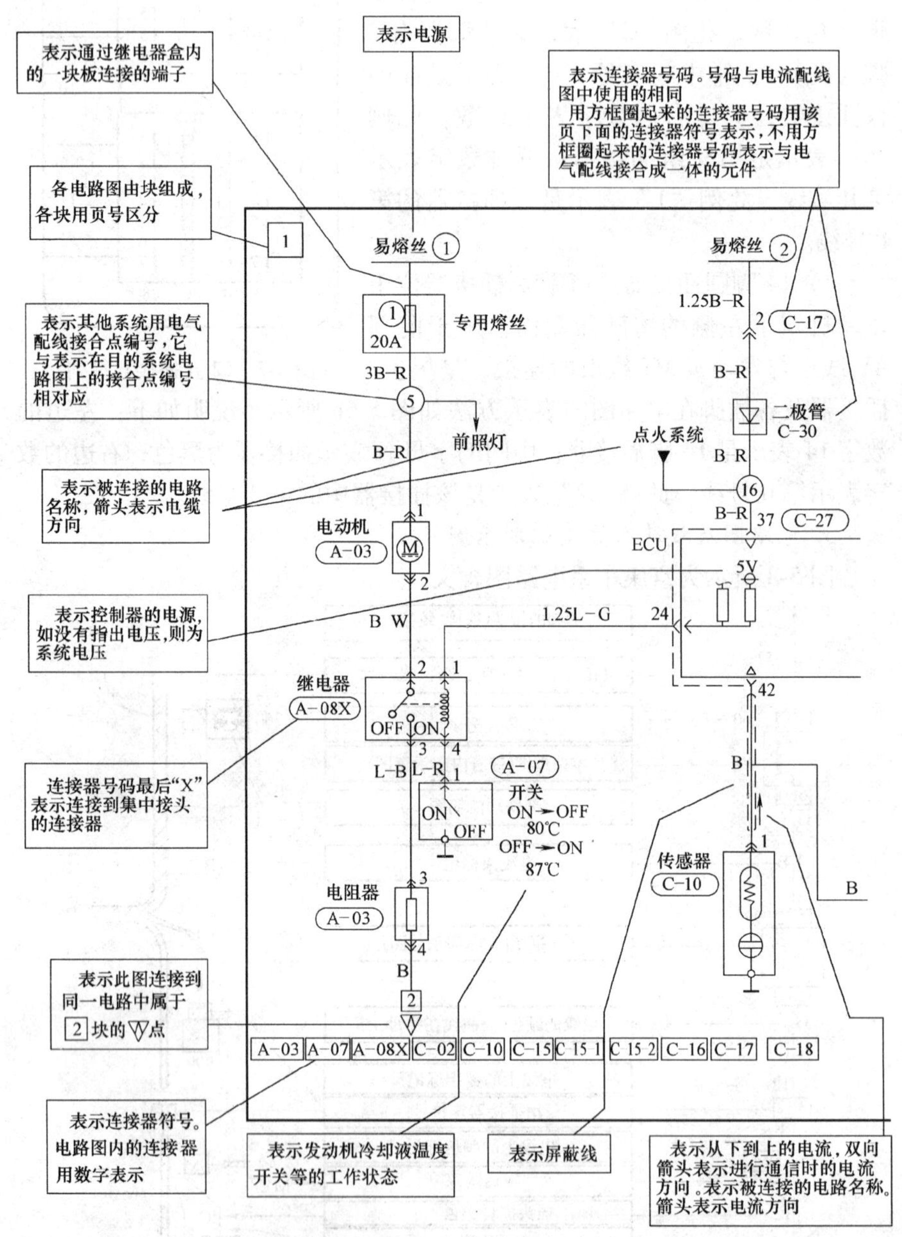

图 5-9　日本车系电路图各符号含义（一）

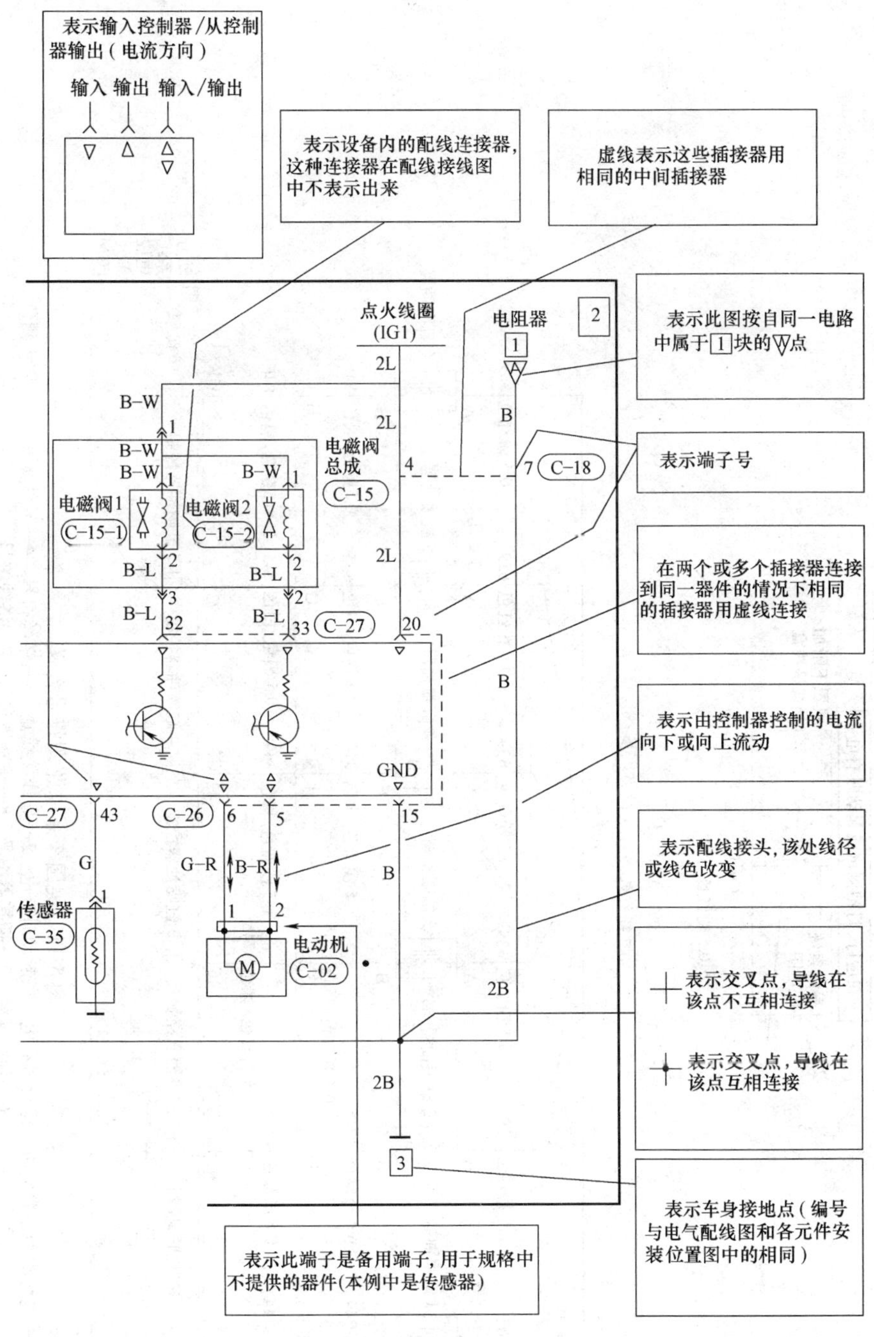

图 5-10　日本车系电路图各符号含义（二）

5. 美国车系电路图识别（见图 5-11）

不同的车型，其电路图是不同的，要注意到不能张冠李戴。车型不同主要指车名，年代、型号、发动机型号、车身型号等。例不同车名：丰田、大众等；大众系列有桑塔纳、帕萨特等；桑塔纳又有普桑、桑塔纳 2000 普通、豪华型、时代超人等，各车型电路图不一样。

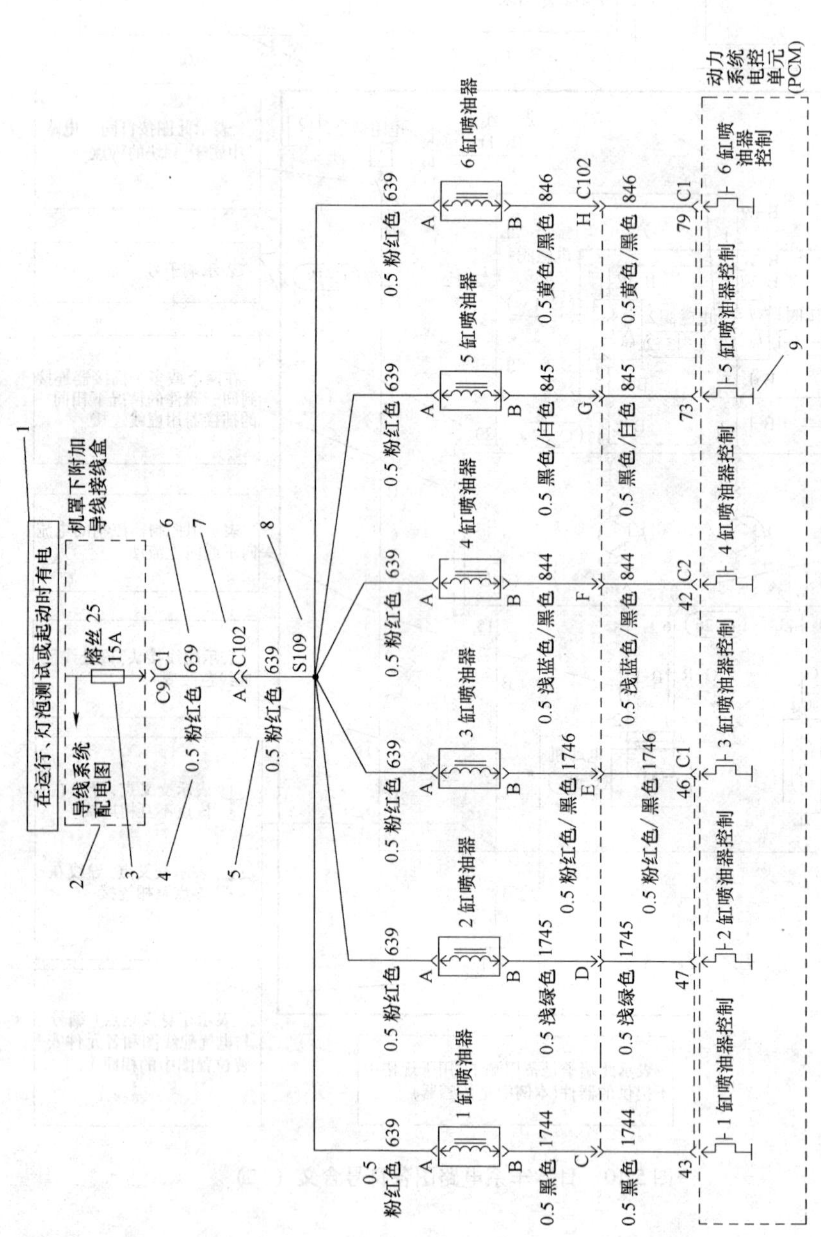

图 5-11 美国车系电路图符号含义

1—电源类型：常电源、运行时有电、在起动时有电 2—导线接线盒 3—熔丝符号 4—导线大小 5—导线颜色 6—导线编号 7—插接器编号 8—连接点编号 9—搭铁符号

任务一　大众车系电路图的识别

说出图 5-12 桑塔纳 2000GSi 电路图中各电路符号的含义，完成表 5-5。

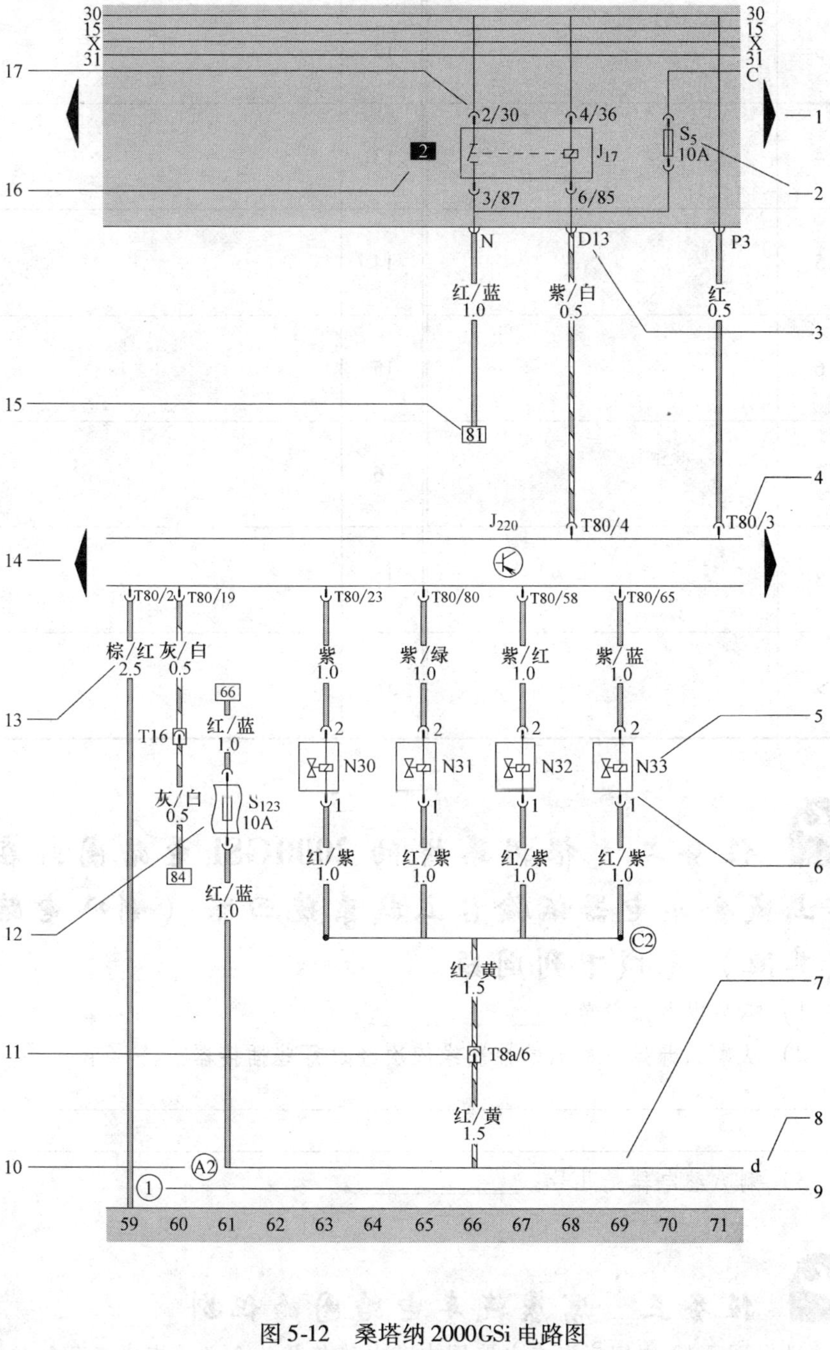

图 5-12　桑塔纳 2000GSi 电路图

表 5-5　大众车系电路符号含义

1		10	
2		11	
3		12	
4		13	
5		14	
6		15	
7		16	
8		17	
9		18	

任务二　根据桑塔纳 2000GSi 电路图，在车上或全车电器试验台上找系统回路（喇叭电路或其他）完成下列问题。

1）喇叭电源线颜色：____________。

2）从喇叭开始，喇叭的控制线依次经过哪些插接器？

____

____

3）喇叭继电器是几号：____________。

任务三　富康汽车电路图的识别

说出图 5-13 中富康汽车电路图中各电路符号的含义，完成表 5-6。

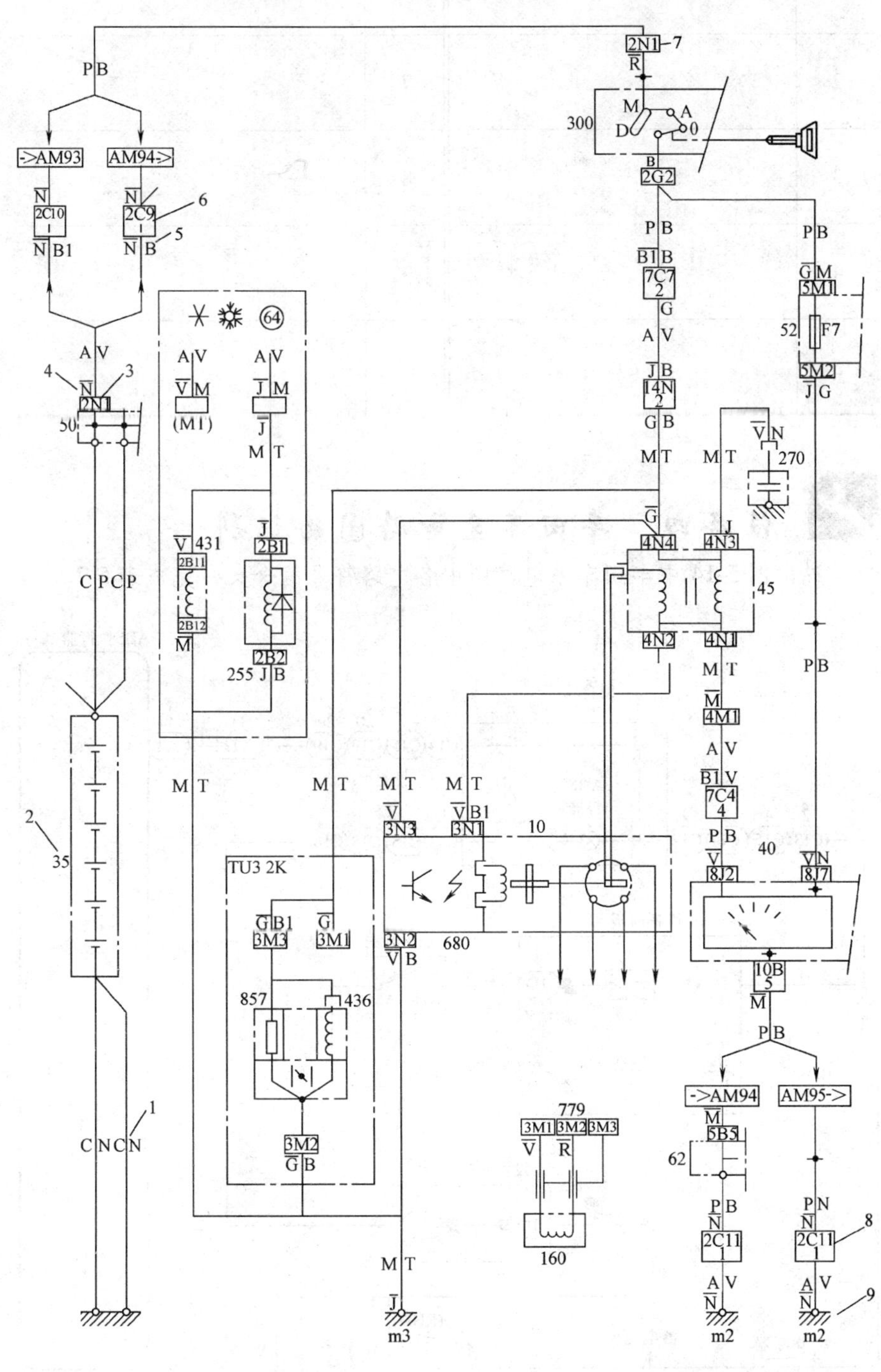

图 5-13　富康汽车电路图中各电路符号的含义

表 5-6　富康车系电路图含义

1		6	
2		7	
3		8	
4		9	
5		10	

任务四　丰田车系电路图的识别

说出图 5-14 中丰田车系电路图中各电路符号的含义，完成表 5-7。

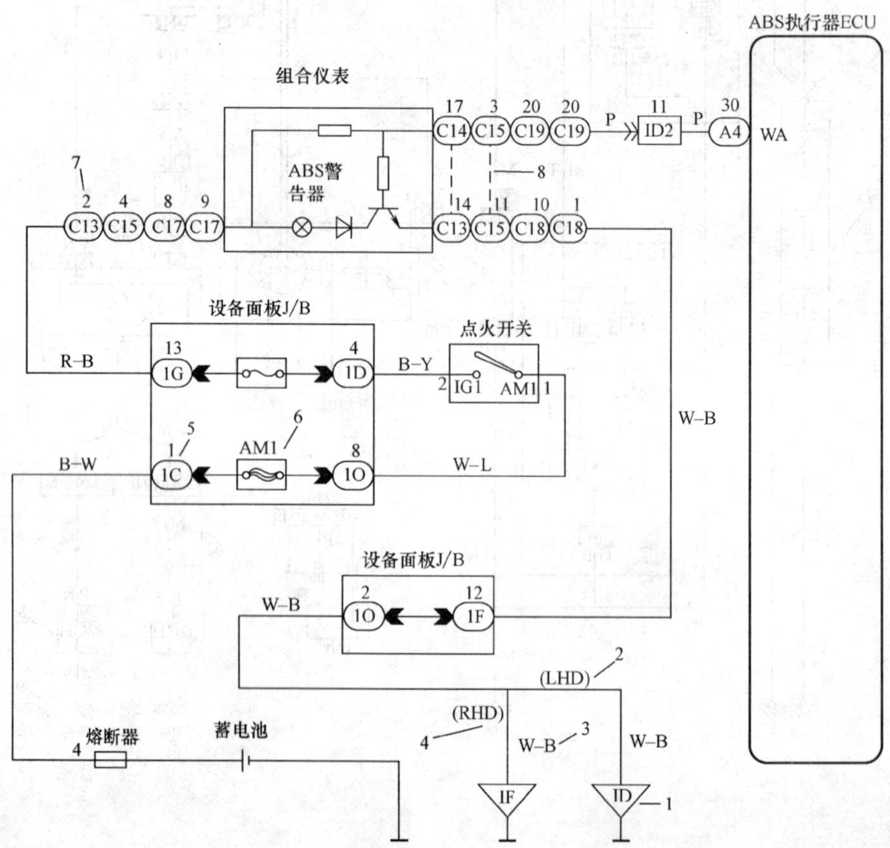

图 5-14　丰田车电路图中各电路符号的含义

表 5-7　丰田车系电路图含义

1		6	
2		7	
3		8	
4		9	
5		10	

任务五　美国车系电路图识别

说出图 5-15 中美国车系电路图中各电路符号的含义，完成表 5-8。

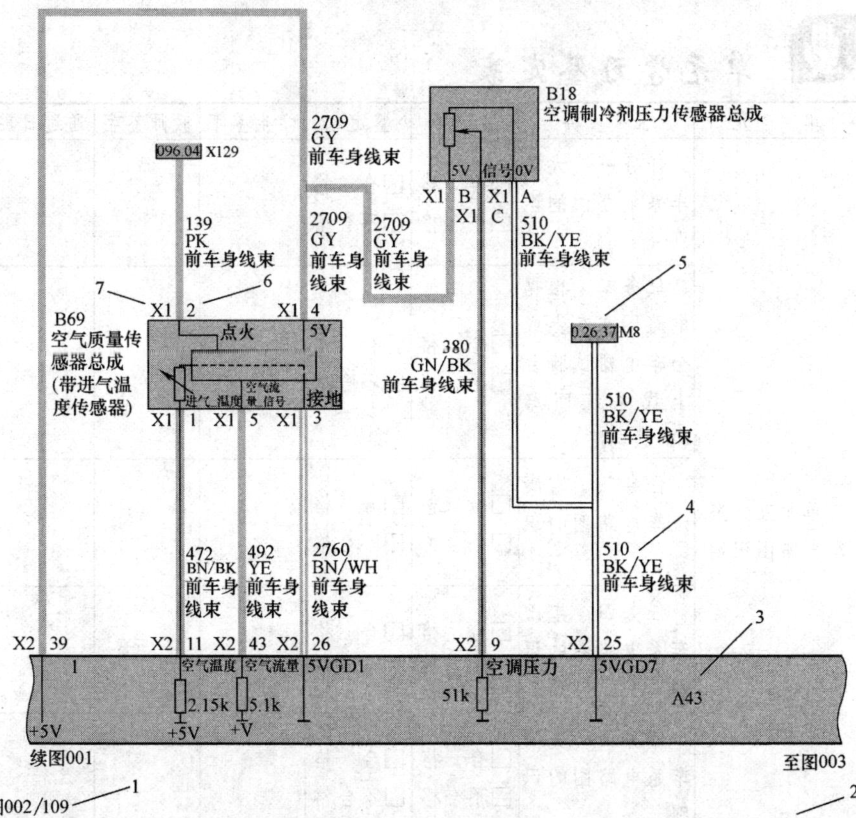

图 5-15　美国车系电路图中各电路符号的含义

表 5-8　美国车系电路图含义

1		6	
2		7	
3		8	
4		9	
5		10	

任务六　分析电路

根据桑塔纳 2000GSi 电路图，分析全车灯光系统电路原理，并完成桑塔纳 2000GSi 全车灯光系统电路连接。桑塔纳 2000GSi 全车灯光系统试验台如图 4-27 所示。要求各灯光工作正常且符合电路图控制原理。

单元学习鉴定表

单　元	任　务	鉴定一	鉴定二	学生签字	教师签字	通过日期
单元五　汽车电路图识别	任务一　大众车系电路图的识别	□合　格 □不合格	□合　格 □不合格			
	任务二　根据电路图在车上或全车电器试验台上找系统回路（喇叭电路）	□合　格 □不合格	□合　格 □不合格			
	任务三　富康汽车电路图的识别	□合　格 □不合格	□合　格 □不合格			
	任务四　丰田车系电路图的识别	□合　格 □不合格	□合　格 □不合格			
	任务五　美国车系电路图的识别	□合　格 □不合格	□合　格 □不合格			
	任务六　分析电路	□合　格 □不合格	□合　格 □不合格			

单元六　电路系统检修

学习目标

学完本单元后，应具有对电路系统初级维护的能力。为达到以上目的，应掌握以下知识及技能。

1）掌握对全车灯光系统、警示信息、仪表电路的检测维修。

2）掌握检测、维修电路系统（包括断路、短路、搭铁）的基本方法。

学习信息

一、线路测试内容及方法

1. 要求的基本知识

如果没有基本的电学知识，很难使用诊断程序，学习者应能够理解基本电学理论，知道电压（伏特）、电流（安培）和电阻（欧姆）的含义；应知道电路断路或短路时，将出现什么情况；应该能够阅读和理解电路图。

2. 电路测试

将信息与诊断程序配合使用，可以识别电气功能失效的故障原因。测试内容见表6-1。

表6-1　测试内容

序　号	内　容	序　号	内　容
1	用连接器测试接头	7	探测电气连接器
2	用数字式万用表排除故障	8	用测试灯排除故障
3	用带熔丝的跨接线	9	测量电压
4	测量压降	10	断路测试
5	测试是否对接地短路	11	测试是否对电压短路
6	测量频率	12	测量连接不良

（1）用插接器测试接头　不得将测试设备上的探头插入任何插接器

或保险盒端子。探头直径能造成多数端子变形，端子变形后会产生接触不良，导致系统故障。务必使用插接器测试接头套件或平头导线探测接头套件从正面探测端子；避免使用曲别针和其他替代物，否则会导致端子损坏并产生测量错误。正面探测是指断开插接器并从插接器的配合面（正面）探测端子。背面探测是指不断开插接器，从插接器的线束侧（背面）探测端子。

重要注意事项

1）仅在诊断程序特别要求时，从背面探测插接器端子。

2）切勿从背面探测密封插接器、公制组合插接器、微型组合插接器或扁平线（缩进和锁定）插接器。

3）从背面探测可能损坏插接器端子。操作时须特别小心，避免因测试探头插入插孔过深或使用的测试探头尺寸过大导致端子变形。

4）从背面探测任何插接器后，都要检查端子是否损坏。如果怀疑端子损坏，测试端子接触是否正确。

（2）探测电气插接器　重新连接插接器或更换端子时，务必重新安装插接器位置固定装置（CPA）和端子位置固定装置（TPA）。

（3）用数字式万用表排除故障　以下例子介绍将数字式万用表连接到待检测电路的各种方法。

重要注意事项

包含任何固态控制模块的电路，如动力系统控制模块，只能采用10MΩ或更高电阻的数字式万用表进行测试。

在测试高电阻电路中的电压时，应使用数字式万用表，不应使用测试灯。测试灯可以显示是否有电压，而数字式万用表则可以指示出现的电压有多高。

数字式万用表上的欧姆档指示电路中两点之间的电阻值。电路中的电阻越低，表明电路的连续性越好。

在用数字式万用表测量电阻时，首先应断开可疑电路的电源。这样，可以防止读数出现错误。数字式万用表在测量电阻时使用的电压很低，只能显示出电阻的读数。

电路中的二极管和固态部件可导致数字式万用表显示出虚假读数。若想确定部件是否对测量结果有影响，先获得一个读数，然后将两条引线调换，再获得第二个读数。如果两个读数不同，表明固态部件影响测量结果。

1）从背面探测插接器两端并在操纵插接器时将引线按住，或在其他操作或路试时用胶带将引线粘在线束上，以便连续监视。

2）断开与部件或其他线束连接的可疑电路两端的线束。

3）如果所诊断的系统有指定引出脚或分线盒，则可用其来简化数字式万用表与电路的连接，或用其迅速检查多个电路。

（4）用测试灯排除故障　测试灯可以简单、迅速地检查低电阻电路是否有电压。测试灯由一只12V灯泡及其连接的一对引线组成。按如下程序正确使用该工具：

1）将一条引线搭铁。

2）将另一条引线沿电路接触应该有电压的不同点。

3）如果灯泡亮，表明测试点有电压。

（5）用带熔丝的跨接线　带熔丝的跨接线有一个带小卡箍的插接器，用于适配多数插接器，而不会造成损坏。这种带熔丝的跨接线配有20A熔丝，对某些电路不一定合适。使用的熔丝不能超过用于所测电路上的熔丝的额定电流。

重要注意事项

带熔丝的跨接线不一定能够防止固态部件损坏。

（6）测量电压　必要时，断开测试电路上的电气线束插接器。启动所测电路或系统。执行如下程序。

1）接通点火开关，保持发动机熄火。

2）起动发动机。

3）接通所测电路或系统的开关。

4）在数字式万用表上选择V（AC）（交流）或V（DC）（直流）挡。

5）将数字式万用表正极探针连接到待测电路点。

6）将数字式万用表负极探针搭铁。

7）数字式万用表将显示在该点测量的电压。

（7）测量压降　如下程序可确定两点之间的电位差：

1）将数字式万用表旋转式刻度盘设在V（DC）（直流）挡。

2）将数字式万用表正极探针连接到待测电路一点。

3）将数字式万用表负极探针连接到待测电路另一点。

4）操纵电路。

5）数字式万用表将显示两点之间的电位差。

（8）测量频率　按如下程序确定信号的频率：

1）给电路通电。

2）将数字式万用表旋转式刻度盘设在V（AC）（交流）挡。

3）将数字式万用表正极探针连接到待测电路上。

4）将数字式万用表负极探针搭铁。

5）按数字式万用表上的1Hz（赫兹）按钮。

6）数字式万用表将显示测量的频率。

重要注意事项

在按 Hz（赫兹）按钮前，将数字式万用表连接到电路上，使数字式万用表能够自动选择合适的挡位。

（9）断路测试　按如下程序检验电路是否具有良好的连续性：

1）将数字式万用表旋转式刻度盘设在 Ω 挡。

2）断开可疑电路的供电电路（即熔丝、控制模块）。

3）断开负载。

4）按数字式万用表上的 MIN/MAX（最小/最大）按钮。

5）将数字式万用表的一个探针连接到待测电路一端。

6）将数字式万用表的另一个探针连接到待测电路的另一端。

7）如果数字式万用表显示电阻很低或没有电阻，并能听到一个音调，则电路具有良好的连续性。

（10）测试是否对接地短路　按如下程序测试电路中是否对接地短路：

1）拆除可疑电路上的供电（即熔丝、控制模块）。

2）断开负载。

3）将数字式万用表旋转式刻度盘设在 Ω 挡。

4）将数字式万用表的一个探针连接到待测电路一端。

5）将数字式万用表另一探针搭铁。

6）如果数字式万用表显示的电阻不是无穷大电阻，则电路存在对接地短路故障。

（11）测试是否对电压短路　按如下程序测试电路中是否对电压短路：

1）将数字式万用表旋转式刻度盘设在 V（DC）（直流）挡。

2）将数字式万用表正极探针连接到待测电路一端。

3）将数字式万用表负极探针搭铁。

4）接通点火起动开关并操作所有附件。

5）如果测量电压高于 1V，则电路中存在对电压短路。

（12）测试间断和接触不良　多数间断故障都因电气连接或线束所致，应检查如下项目：

1）绝缘套中的导线是否断裂。

2）插接器上的阴、阳端子之间是否接触不良。

3）端子与导线是否接触不良。包括压接不良、虚焊、压接在绝缘皮上而未压接在导线上、导线与端子接触部位腐蚀等。

4）导线绝缘层是否磨穿。如因裸露部位接触车辆上的其他线束或零件，而导致间断短路。

5）测试端子是否正确接触。在更换可疑部件前，务必测试部件和任何直列插接器上的端子接触。必须检查配合的端子，确保端子接触良好。插接器上的阴、阳端子之间如果出现接触不良，可能是因污染或变形所致。插接器半片连接不当可导致污染。插接器密封遗失或损坏、插接器本身损坏或端子暴露于潮湿和灰尘之中，也会造成污染。污染通常出现在机罩下或车身下部的插接器中，导致端子腐蚀、造成开路或间断开路。如果不采用合适的接头探测插接器端子配合端，插接器片连接不当或频繁断开、连接插接器片，可能会导致变形。母端子接触凸舌通常出现变形，导致端子接触不良，形成开路或间断开路。

二、故障诊断程序

故障诊断工作流程如图 6-1 所示。

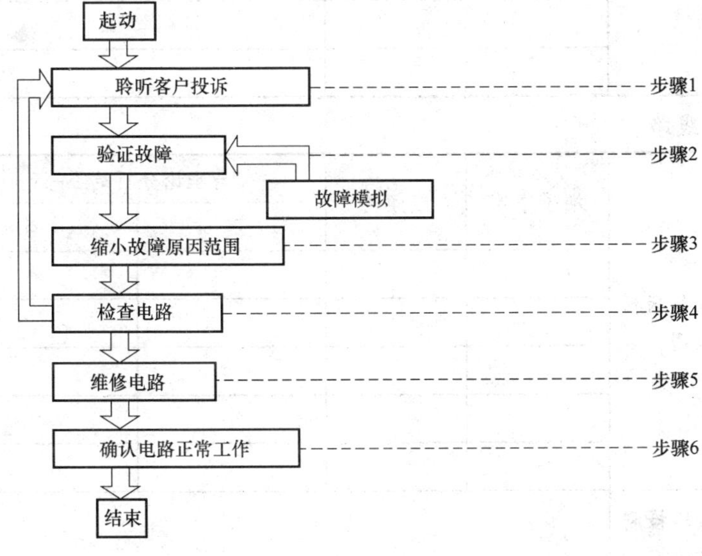

图 6-1 故障诊断工作流程

在检查电路时，首先应该分析电路，主要是分析电路的性质及线性产生的条件。如某一根线是相线，它的条件是开前照灯。实际上电路检查就是模拟线性产生的条件，去测量电路，如果理论分析是一致的，则表示线路正常；反之，有故障。

任务 进行电路系统检修

1. 用自己的语言叙述汽车电路常见故障有哪些。

2. 在汽车仿真教学平台上练习诊断电路故障。仿真教学平台如：鹏达仿真教学软件等。

3. 由指导教师设置电路故障检测步骤进行检测与维修，完成下列测试项目一、项目二、项目三。

项目一 灯光系统故障检测

1）故障现象：______________________________。

2）电路分析（线性及条件：例如，是在打开小灯开关后是相线、是接地线等。如果线路正常，则检测元件，如果是线路问题就不用检测元件）。

	端子序号	线颜色	导线线性及条件
用电设备端相关导线分析			

3）线路。

	端子序号	线颜色	与理论分析是否一致	
			是	否
用电设备端相关导线检测				
故障线路检测内容及结论				

4）元件检测。

检测元件名称	检测内容及方法
结论	

5）结论及措施。

____

____

项目二 刮水器系统故障检测

1）故障现象：______________________________。

2）电路分析（线性及条件：例如，是在打开小灯开关后是相线、是接地线等。如果线路正常，则检测元件，如果是线路问题就不用检测元件）。

	端子序号	线颜色	导线线性及条件
用电设备端相关导线分析			

3）线路实测。

<table>
<tr><td rowspan="2"></td><td rowspan="2">端子序号</td><td rowspan="2">线颜色</td><td colspan="2">与理论分析是否一致</td></tr>
<tr><td>是</td><td>否</td></tr>
<tr><td rowspan="5">用电设备端相关导线检测</td><td></td><td></td><td></td><td></td></tr>
<tr><td></td><td></td><td></td><td></td></tr>
<tr><td></td><td></td><td></td><td></td></tr>
<tr><td></td><td></td><td></td><td></td></tr>
<tr><td></td><td></td><td></td><td></td></tr>
<tr><td>故障线路检测内容及结论</td><td colspan="4"></td></tr>
</table>

4）元件检测。

检测元件名称	检测内容及方法
结论	

5）结论及措施。

____

____

项目三　转向灯及应急灯系统故障检测

1）故障现象：________________________。

2）电路分析（线性及条件：例如，是在打开小灯开关后是相线、是接地线等。如果线路正常，则检测元件，如果是线路问题就不用检测元件）。

	端子序号	线颜色	导线线性及条件
转向灯端子			
组合开关相关端子			
闪光器端子			

3）线路实测（如果某一端子无需测试，则不写相应项目）。

实测端子项目	端子序号	线颜色	与理论分析是否一致	
			是	否
转向灯端子				
组合开关相关端子				
闪光器端子				
故障线路检测内容及结论				

4）元件检测。

检测元件名称	检测内容及方法
结论	

5）结论及措施。

____

____

单元学习鉴定表

单　　元	任　　务	鉴定一	鉴定二	学生签字	教师签字	通过日期
单元六　电路系统初级维护	任务　电路系统初级维护	□合　格 □不合格	□合　格 □不合格			

课程学习评估单

学生用评估问卷1　对学习用书的评估

评估学科：____________评估时间：______年___月___日

班　　级：____________评估者：____________________

本调查问卷主要用于学习用书的调查，可以自愿选择署名或匿名方式填写问卷。请根据自己的情况在相应的栏目画“✓”。

评估项目 \ 评估等级	非常赞成	赞成	没有意见	不赞成	非常不赞成
1）学习用书内容清楚、解释准确					
2）学习目标阐述清楚					
3）陈述的学习方法适合学习任务					
4）工作任务与设备、场地相配套					
5）学习用书中有关于学习对象的明确说明					
6）学习用书明确定义了学习技能和知识的要求					
7）学习内容能让学习者达到学习目的					
8）学习用书中有清楚的使用指南					
9）学习用书排序具有逻辑性					
10）视听材料能够帮助学习者学习					
11）学习用书文字简练、明白易懂					
12）学习用书留有做笔记的空白处					
13）学习用书中有工作任务安排					
14）工作任务有助于技能的掌握					
15）学习用书含有职场安全方面的内容					

学生用评估问卷2 对教学方法的评估

评估学科：＿＿＿＿＿＿评估时间：＿＿＿年＿＿月＿＿日

班　　级：＿＿＿＿＿＿评估者：＿＿＿＿＿＿＿＿＿＿

本调查问卷主要用于教学方法的调查，可以自愿选择署名或匿名方式填写问卷。请根据自己的情况在相应的栏目画“✓”。

评估项目 \ 评估等级	非常赞成	赞成	没有意见	不赞成	非常不赞成
1）教学中有足够的互动性活动					
2）活动目的清楚明了					
3）学习活动能够帮助学习者学习该课程					
4）学习者能清晰地知道学习活动任务					
5）活动能提高学习者的能力					
6）活动安排能够提高学习者的学习兴趣					
7）学习活动有助于技能的掌握					
8）学习者乐于参加学习活动					
9）活动含有职场安全方面的内容					
10）活动鉴定公正适当					
11）教师语言通俗易懂					
12）教师的专业技能具有示范作用					
13）教师在教学中注重学习反馈					

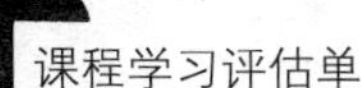

学生用评估问卷3　对学习方法的评估

评估学科：____________评估时间：______年___月___日

班　　级：____________评估者：__________________

本调查问卷主要用于学习方法的调查，可以自愿选择署名或匿名方式填写问卷，根据自己的情况在相应的栏目画“✓”。

评估项目＼评估等级	非常赞成	赞成	没有意见	不赞成	非常不赞成
1）学习方法适合学习者的学习风格					
2）学习方法简便易行					
3）学习方法能有效地帮助学习者获得知识和技能					
4）学习方法改善了学习者和老师的关系					
5）学习方法让学习者参与了每一个学习任务					
6）学习方法让学习者和同学的关系更加融洽					
7）学习方法增强了学习者的自学能力					
8）学习方法使学习者增强了学习的信心					
9）学习方法让学习者感到了学习的乐趣					
10）学习方法让学习者增长了更广的知识和技能					
11）学习方法让学习者对今后的工作更有信心					

学生用评估问卷4　对工作任务页的评估

评估学科：__________评估时间：______年___月___日

班　　级：__________评估者：________________

本调查问卷主要用于工作任务页的调查，可以自愿选择署名或匿名方式填写问卷。根据自己的情况在相应的栏目画“✓”。

评估项目 \ 评估等级	非常赞成	赞成	没有意见	不赞成	非常不赞成
1）工作任务页中的信息清楚、阐述明白					
2）工作任务页让学习者更好地了解了鉴定					
3）鉴定的知识和技能符合能力标准要求					
4）鉴定的知识和技能符合学习者的学习需求					
5）工作任务页中有明确的鉴定时间					
6）工作任务页中有具体的鉴定内容					
7）工作任务页中有确切的鉴定标准					
8）工作任务页中有清晰的鉴定程序					
9）工作任务页中有明确的鉴定工具和要求					
10）鉴定方式适合职场要求					
11）鉴定方式、标准和内容公平、公正					
12）鉴定方式灵活多样					
13）学习者适应这种鉴定方式					
14）学习者乐意接受这种鉴定					

附录　桑塔纳2000GSi轿车电气图

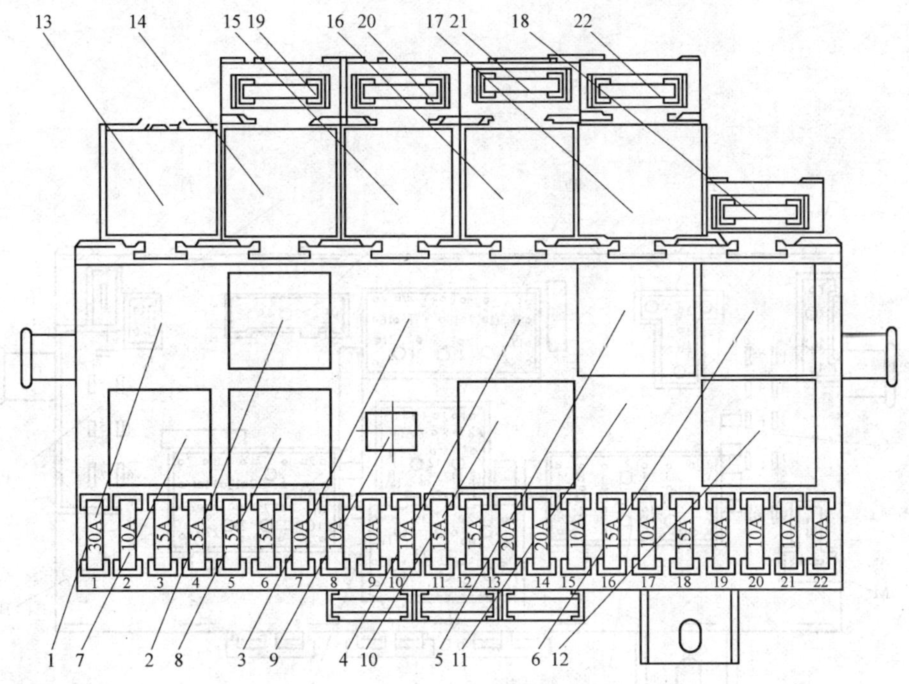

图 F-1　中央线路板正面布置

1、3、4、11—空位　2—进气歧管预热继电器　5—空调组合继电器　6—双音喇叭继电器　7—雾灯继电器　8—X-接触继电器　9—拆卸熔丝专用工具　10—前风窗刮水及清洗继电器　12—转向继电器　13—冷却风扇继电器　14、15—摇窗机继电器　16—内部照明继电器　17—冷却液位指示继电器　18—后雾灯熔丝（10A）　19—过热保护器　20—空调熔丝（30A）　21—自动天线熔丝（10A）　22—电动后视镜熔丝（3A）

表 F-1　中央线路板上的熔丝

编号	名称	额定电流/A	编号	名称	额定电流/A
1	散热器风扇	30	14	鼓风机(空调)	20
2	制动灯	10	15	倒车灯、车速传感器	10
3	点烟器、收音机、钟、车内灯、中央集控门锁	15	16	进气预热器温控开关、怠速切断电磁阀	15
4	危险报警闪光灯	15	17	双音喇叭	10
5	燃油泵	15	18	驻车制动、阻风门指示灯	15
6	前雾灯	15	19	转向灯	10
7	尾灯和停车灯(左)	10	20	牌照灯、杂物箱照明灯	10
8	尾灯和停车灯(右)	10	21	前照灯近光(左)	10
9	前照灯远光(右)	10	22	前照灯近光(右)	10
10	前照灯远光(左)	10	23	后雾灯	10
11	前风窗刮水器及清洗装	15	24	空调	30
12	电动摇窗机	15	25	自动无线	10
13	后风窗加热器	20	26	电动后视镜	3
			27	ECU	10

注：熔丝 23 ~ 27 为桑塔纳 2000GSi 型轿车的编号，插在中央线路板的旁边。

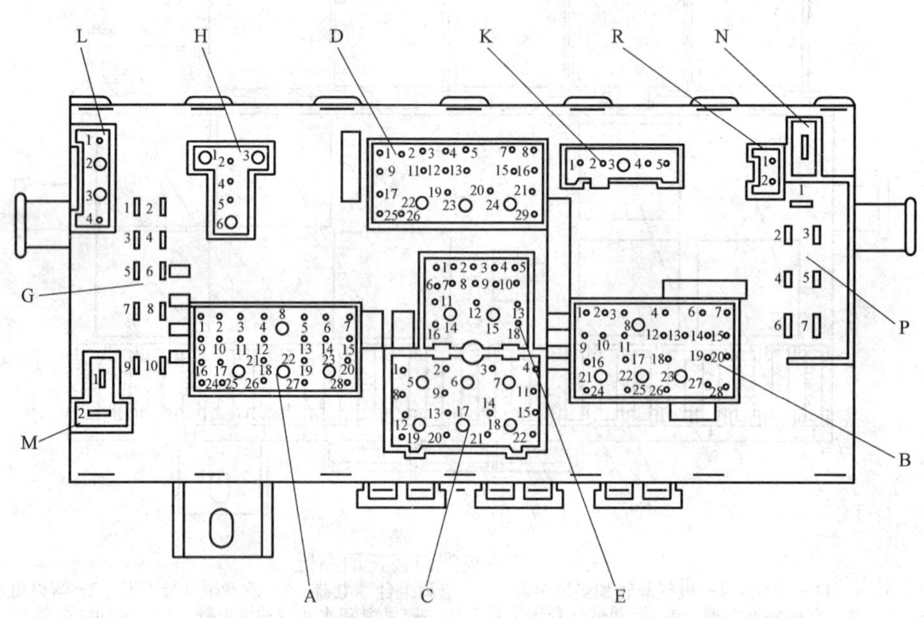

图 F-2　中央线路板反面布置

A—用于连接仪表板线束，插件颜色为蓝色　B—用于连接仪表板线束，插件颜色为红色　C—用于连接发动机室左边线束，插件颜色为黄色　D—用于连接发动机室右边线束，插件颜色为白色　E—用于连接车辆后部线束，插件颜色为黑色　G—用于连接单个插头（主要用于冷却液不足指示控制器）H—用于连接空调装置的线束，插件颜色为棕色　K、M、R—空位　L—用于连接双音喇叭等线束，插件颜色为灰色　N—用于单个插头（主要用于进气管预热器的加热电阻的电源）　P—用于单个插头（主要用于蓄电池相线与中央线路板“30”的连接，中央线路板“30”与点火开关“30”接线柱连接）

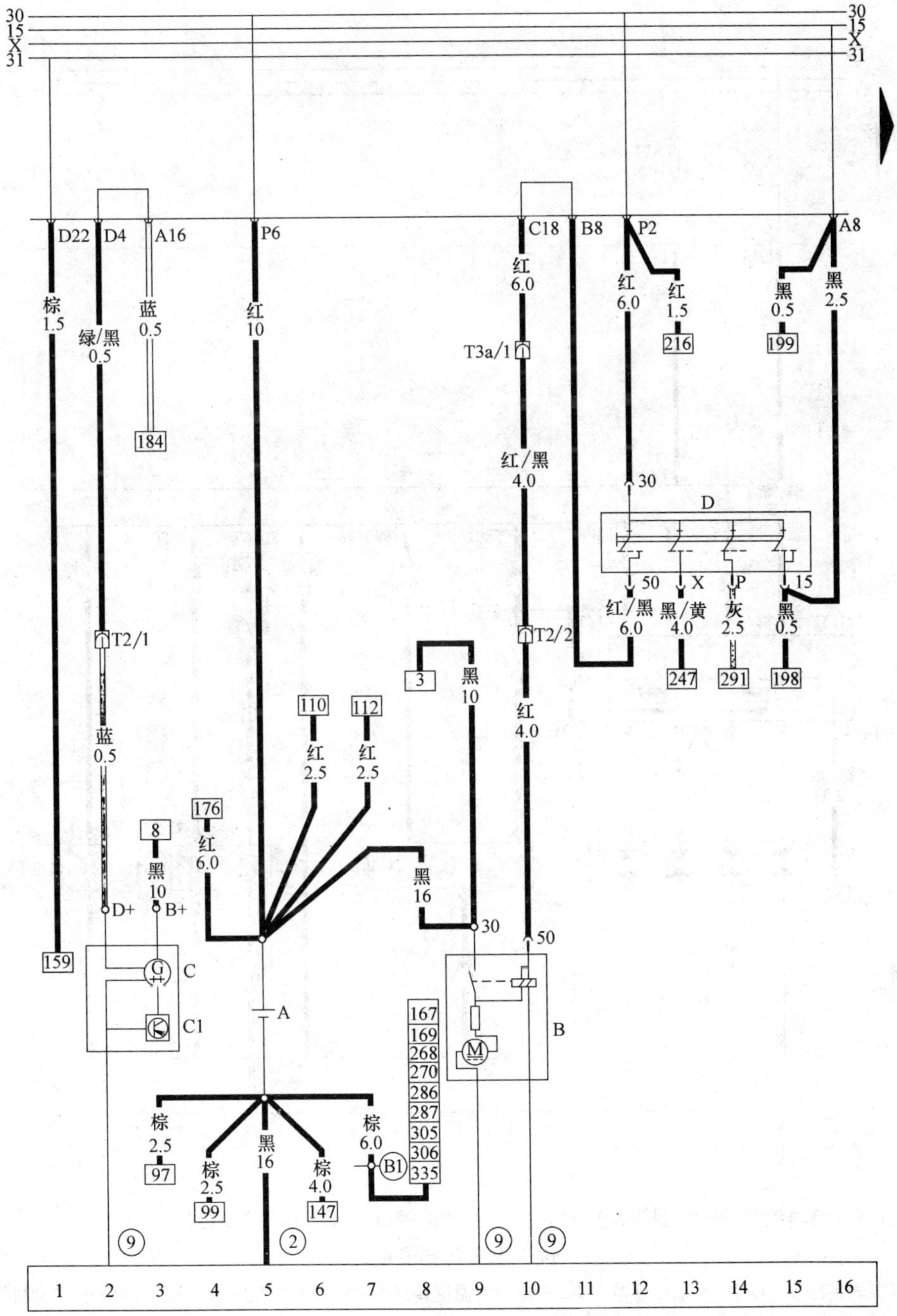

图 F-3　桑塔纳 2000GSi 型轿车交流发电机、蓄电池、起动机、点火开关电路图

A—蓄电池　B—起动机　C—交流发电机　C1—调压器　D—点火开关　T2—发动机线束与发电机线束插头连接（2 针，在发动机舱中间支架上）　T3a—发动机线束与前照灯线束插头连接（3 针，在中央线路板后面）　②—接地点（在蓄电池支架上）　⑨—自身接地　Ⓑ1—接地连接线（在前照灯线束内）

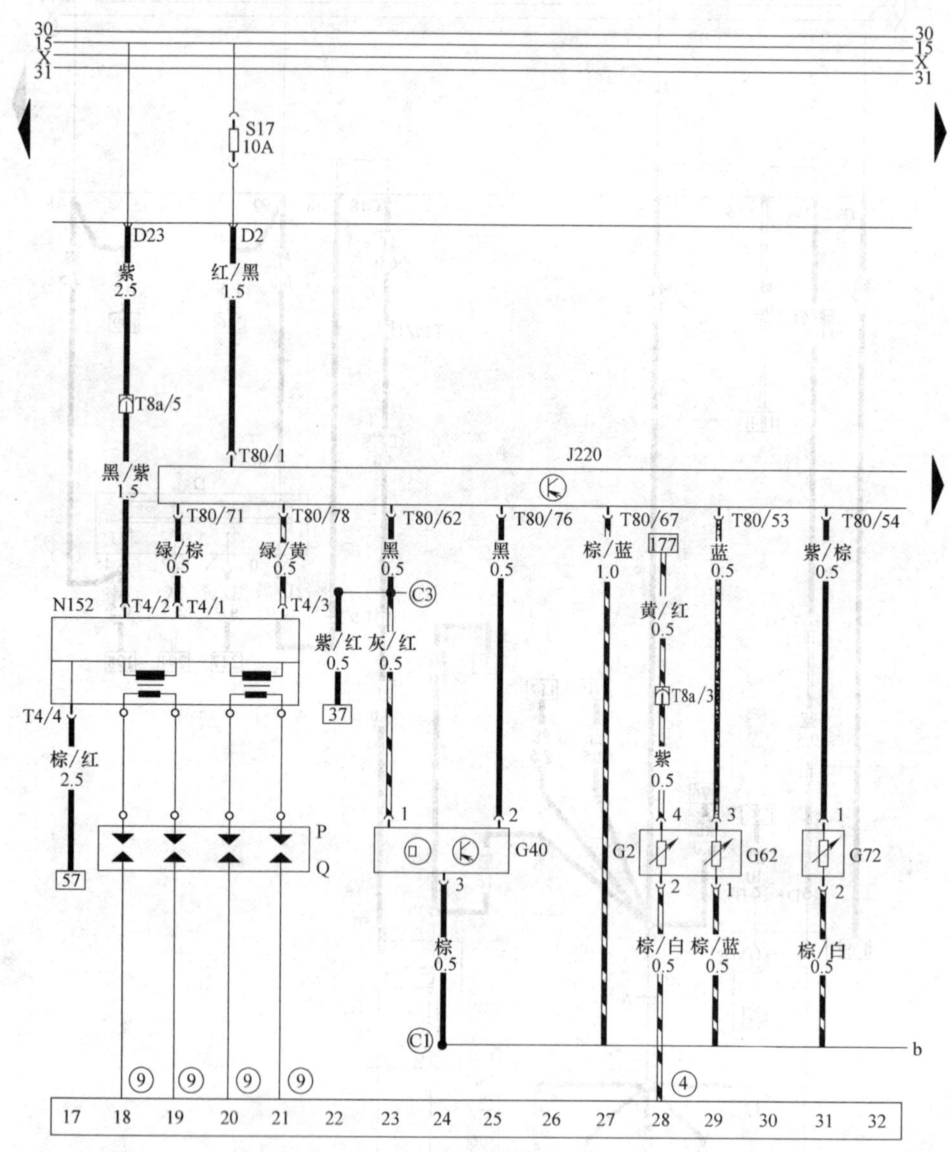

图 F-4　桑塔纳 2000GSi 型轿车点火装置、发动机控制单元、霍尔传感器、冷却液温度传感器、进气温度传感器电路图

G2—水温表传感器　G40—霍尔传感器　G62—冷却液温度传感器　G72—进气温度传感器　J220—发动机控制单元　N152—点火线圈　P—火花塞插头　Q—火花塞　S17—发动机控制单元熔丝（10A）　T4—前照灯线束与散热扇控制器插头连接（4 针，在散热风扇控制器上）　T8a—发动机线束与发动机右线束插头连接（8 针，在发动机舱中间支架上）　T80—发动机线束、发动机右线束与发动机控制单元插头连接（80 针，在发动机控制单元上）　④—接地点（在离合器壳上的支架上）　⑨—自身接地　Ⓒ1—连接线（在发动机右线束内）　Ⓒ3— +5V 连接线（在发动机右线束内）

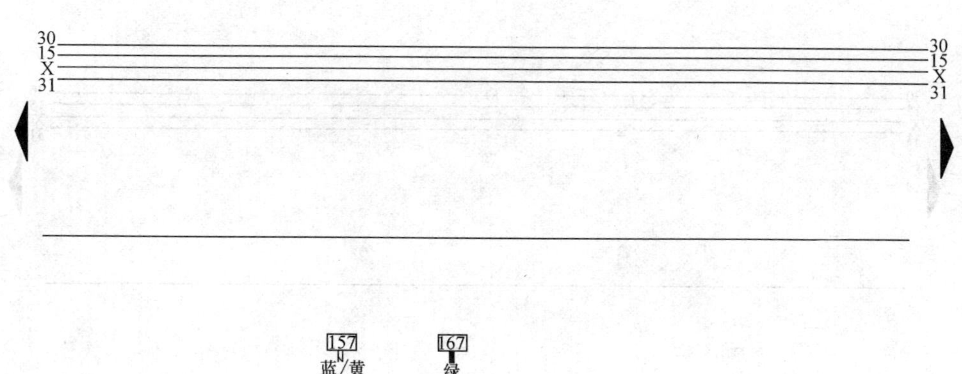

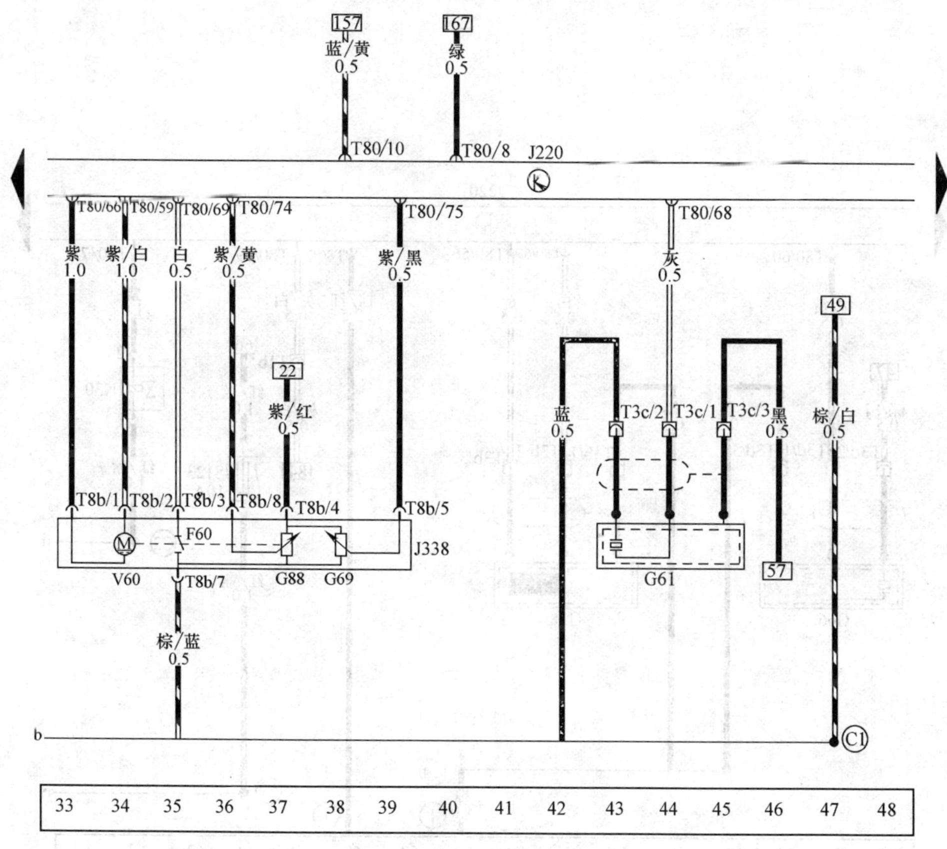

图F-5 桑塔纳2000GSi型轿车发动机控制单元、节气门控制部件、1、2缸爆燃传感器电路图

F60—怠速开关 G61—1、2缸爆燃传感器 G69—节气门电位计 G88—节气门定位电位计 J220—发动机控制单元 J338—节气门控制部件 T3c—发动机右线束与1、2缸爆燃传感器插头连接（3针，在发动机舱中间支架上） T8b—发动机右线束与节气门控制部件插头连接（8针，在节气门控制部件上） T80—发动机线束、发动机右线束与发动机控制单元插头连接（80针，在发动机控制单元上） V60—节气门定位器 Ⓒ1—连接线（在发动机右线束内）

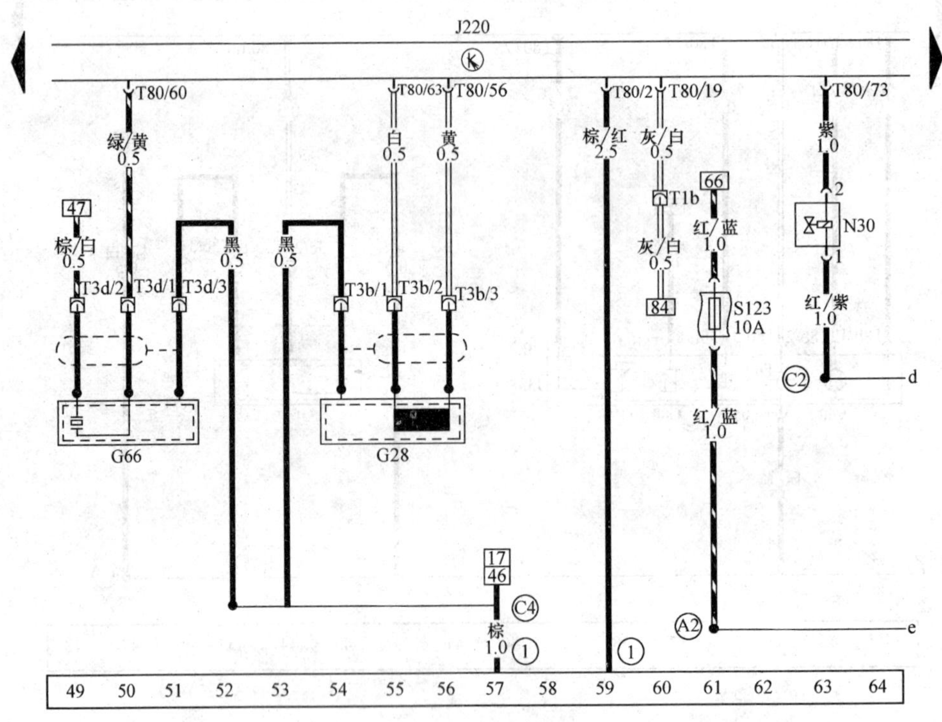

图 F-6　桑塔纳 2000GSi 型轿车发动机控制单元、3、4 缸爆燃传感器、转速传感器电路图

G28—发动机转速传感器　G66—3、4 缸爆燃传感器　J220—发动机控制单元

N30—第 1 缸喷油器　S123—喷油器、空气流量计、AKF 阀、氧传感器加热熔丝（10A）

T1b—发动机线束与仪表板线束插头连接（1 针，在中央线路板后面）

T3b—发动机右线束与发动机转速传感器插头连接（3 针，在发动机舱中间支架上）

T3d—发动机右线束与 3、4 缸爆燃传感器插头连接（3 针，在发动机舱中间支架上）

T80—发动机线束、发动机右线束与发动机控制单元插头连接（80 针，在发动机控制单元上）

Ⓒ4—接地连接线（在发动机右线束内）

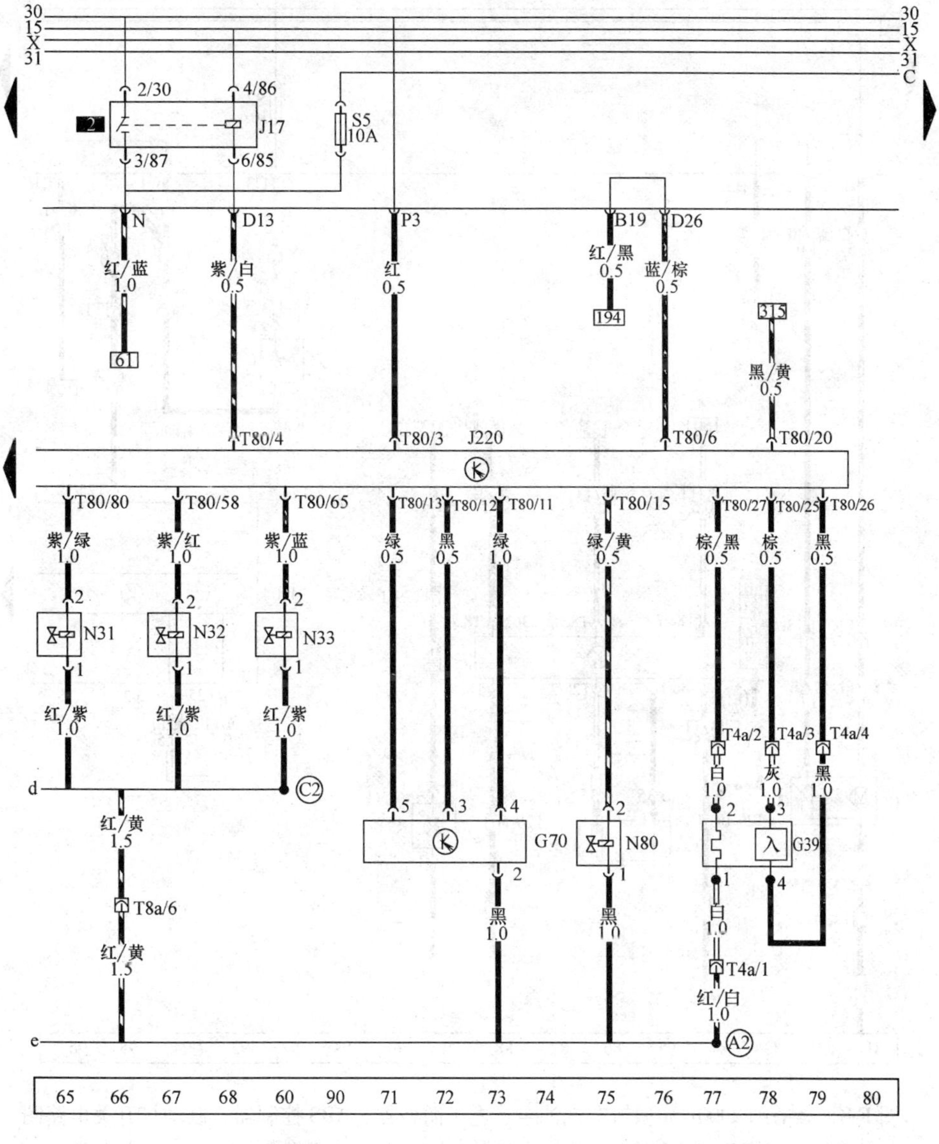

图 F-7　桑塔纳 2000GSi 型轿车发动机控制单元、喷油器、汽油泵继电器、空气流量计、氧传感器、活性炭罐电磁阀电路图

G39—氧传感器　G70—空气流量计　J17—汽油泵继电器　J220—发动机控制单元　N31—第 2 缸喷油器

N32—第 3 缸喷油器　N33—第 3 缸喷油器　N80—活性炭罐电磁阀　S5—汽油泵熔丝（10A）

T4a—发动机线束与氧传感器插头连接（4 针，在发动机舱中间支架上）

T8a—发动机线束与发动机右线束插头连接（8 针，在发动机舱中间支架上）

T80—发动机线束、发动机右线束与发动机控制单元插头连接（80 针，在发动机控制单元上）

Ⓐ2—正极连接线（在发动机线束内）　Ⓒ2—正极连接线（在发动机右线束内）

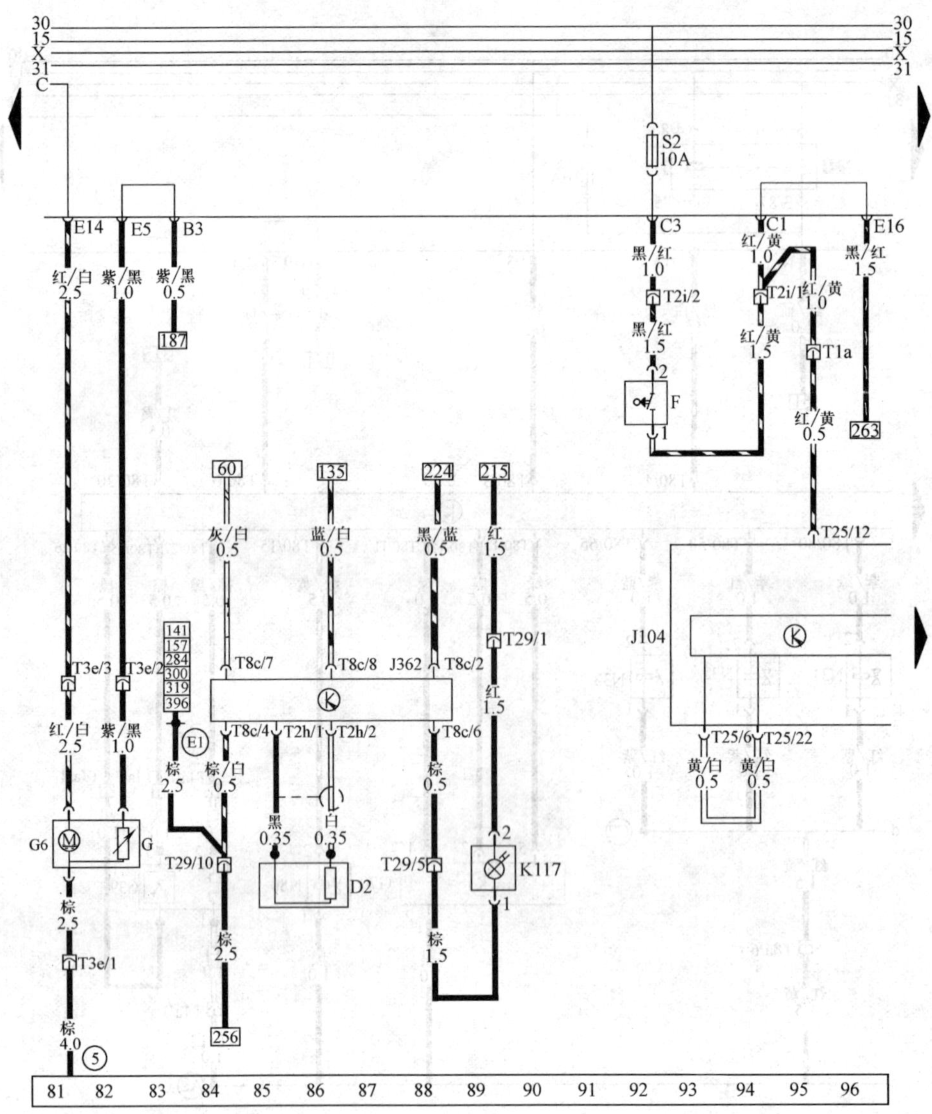

图 F-8　桑塔纳 2000GSi 型轿车汽油泵、电子防盗器、ABS 控制器、制动灯开关电路图

D2—读识线圈　F—制动灯开关　G—汽油表传感器　G6—汽油泵　J104—ABS 控制器

J362—防盗器控制单元　K117—防盗器警告灯　S2—制动灯熔丝（10A）

T1a—前照灯线束与 ABS 线束插头连接（1 针，在中央线路板后面）

T2h—读识线圈与防盗器控制单元插头连接（2 针，在防盗器控制单元上）

T2i—前照灯线束与仪表板线束插头连接（2 针，在中央线路板后面）

T3e—尾部线束与汽油箱插头连接（3 针，在汽油箱盖上）

T8c—仪表板线束与防盗器控制单元插头连接（8 针，在防盗器控制单元上）

T25—ABS 线束与 ABS 控制单元插头连接（25 针，在 ABS 控制器上）

T29—仪表板线束与仪表板开关线束插头连接（29 针，在组合仪表下方）

⑤—搭铁点（在中央线路板左侧星形搭铁爪上）　Ⓔ1—搭铁线（在仪表板开关线束内）

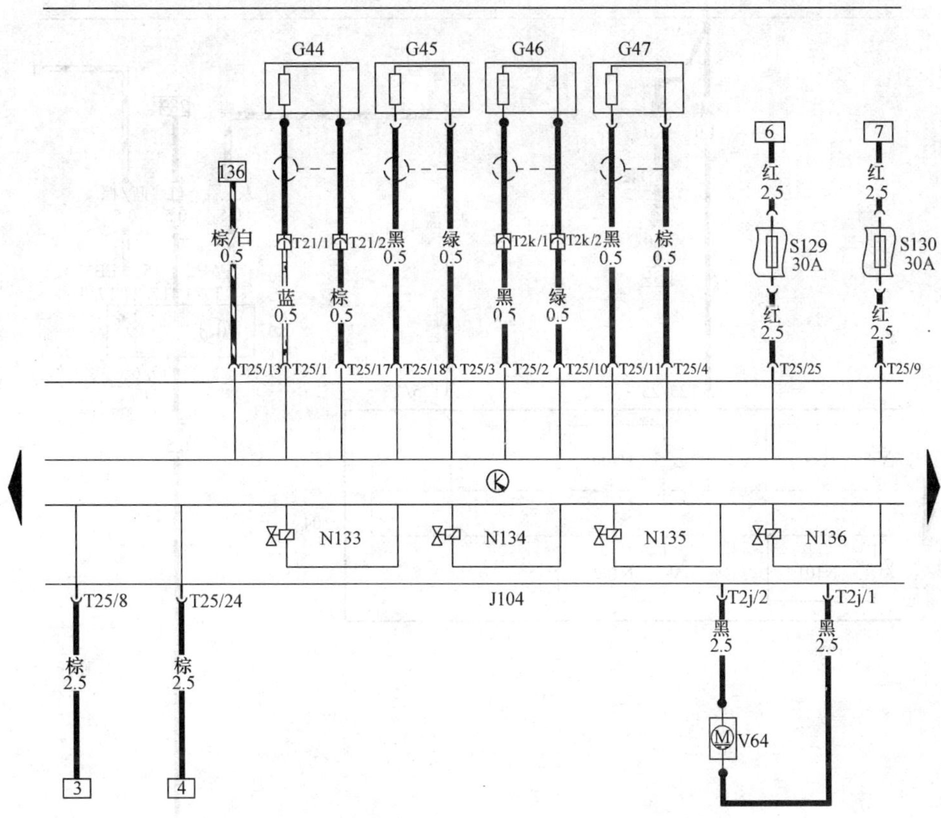

97	98	99	100	101	102	103	104	105	106	107	108	109	110	111	112

图 F-9　桑塔纳 2000GSi 型轿车 ABS 控制器、车轮转速传感器、ABS 液压泵电路图

G44—右后转速传感器　G45—右前转速传感器　G46—左后转速传感器　G47—左前转速传感器

J104—ABS 控制器　N133—ABS 右后出油电磁阀　N134—ABS 右后出油电磁阀

N135—ABS 左后进油电磁阀　N136—ABS 左后出油电磁阀　S129—熔丝（30A）

S130—ABS 电磁阀熔丝（30A）　T2j—ABS 液压泵与控制单元插头连接（2 针，在 ABS 控制单元上）

T2k—ABS 线束与左后转速传感器插头连接（2 针，在左后座位下面）

T2l— ABS 线束与右后转速传感器插头连接（2 针，在右后座位下面）

T25—ABS 线束与控制单元插头连接（25 针，在 ABS 控制器上）　V64—ABS 液压泵

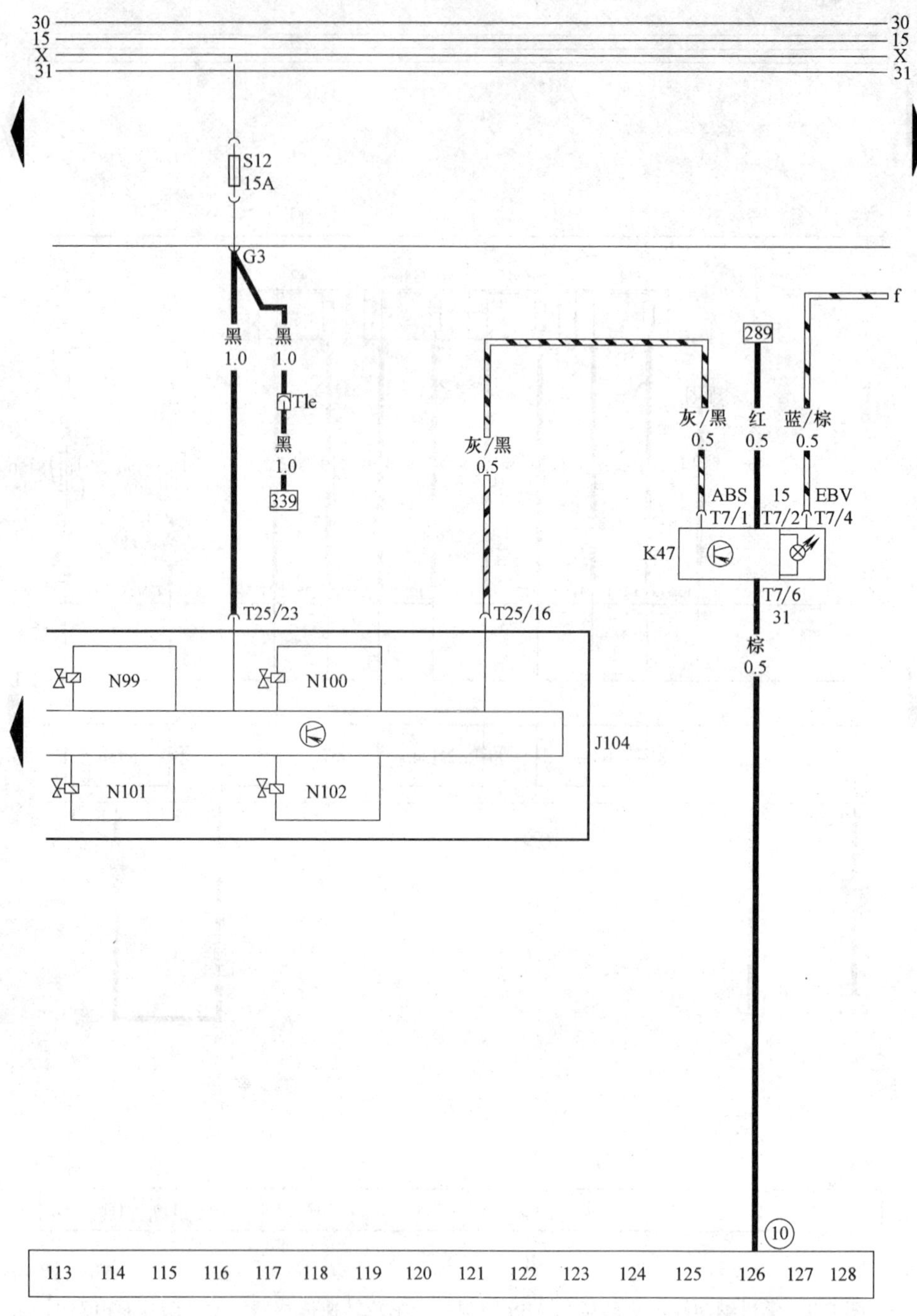

图 F-10　桑塔纳 2000GSi 型轿车 ABS 控制器、ABS 警告灯电路图

J104—ABS 控制器　K47—ABS 警告灯　N99—ABS 右前进油电磁阀　N100—ABS 右前出油电磁阀　N101—ABS 左前进油电磁阀　N102—ABS 左前出油电磁阀　S12—电动摇窗机、ABS 控制单元熔丝（15A）　T1e—ABS 线束与电动摇窗机线束插头连接（1 针，在中央电线板后面）　T7—ABS 线束与 ABS 警告灯插头连接（7 针，在 ABS 警告灯上）　T25—ABS 线束与控制单元插头连接（25 针，在 ABS 控制器上）　⑩—接地点（在中央线路板后面车身前围板上）

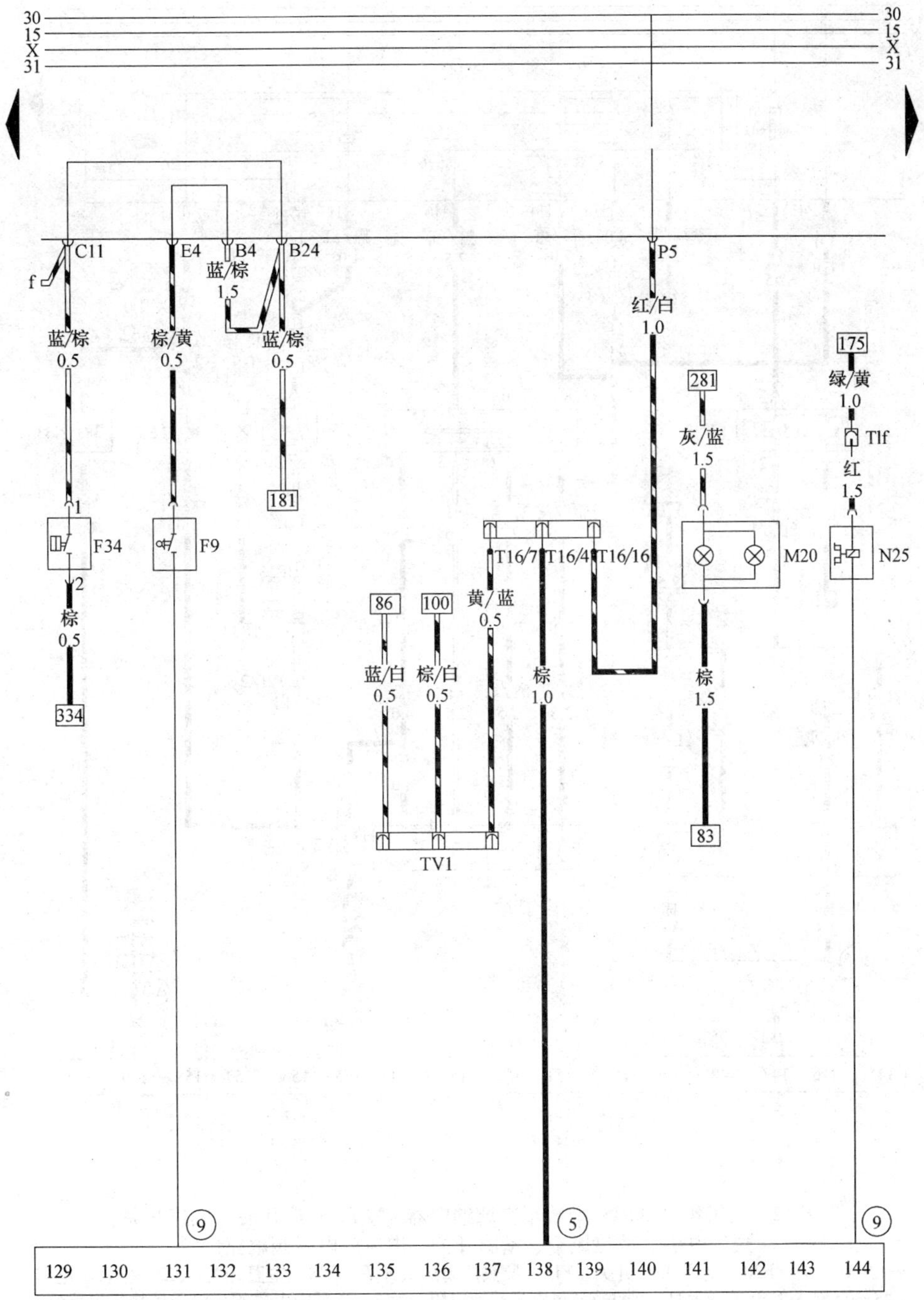

图 F-11　桑塔纳2000GSi型轿车制动液位报警开关、手制动指示灯开关、自诊断插座、空调电磁离合器电路图

F9—驻车制动指示灯开关　F34—制动液位报警开关　M20—空调控制面板照明灯　N25—电磁离合器　T1f—前照灯线束与压缩机电磁离合器插头连接（1针，在压缩机旁）　T16—故障诊断仪插座（16针，在变速杆防尘罩下面）　TV1—诊断线插座（附加插在中央线路板13号位上）　⑤—搭铁点（在中央线路板左侧星形搭铁爪上）　⑨—自身搭铁

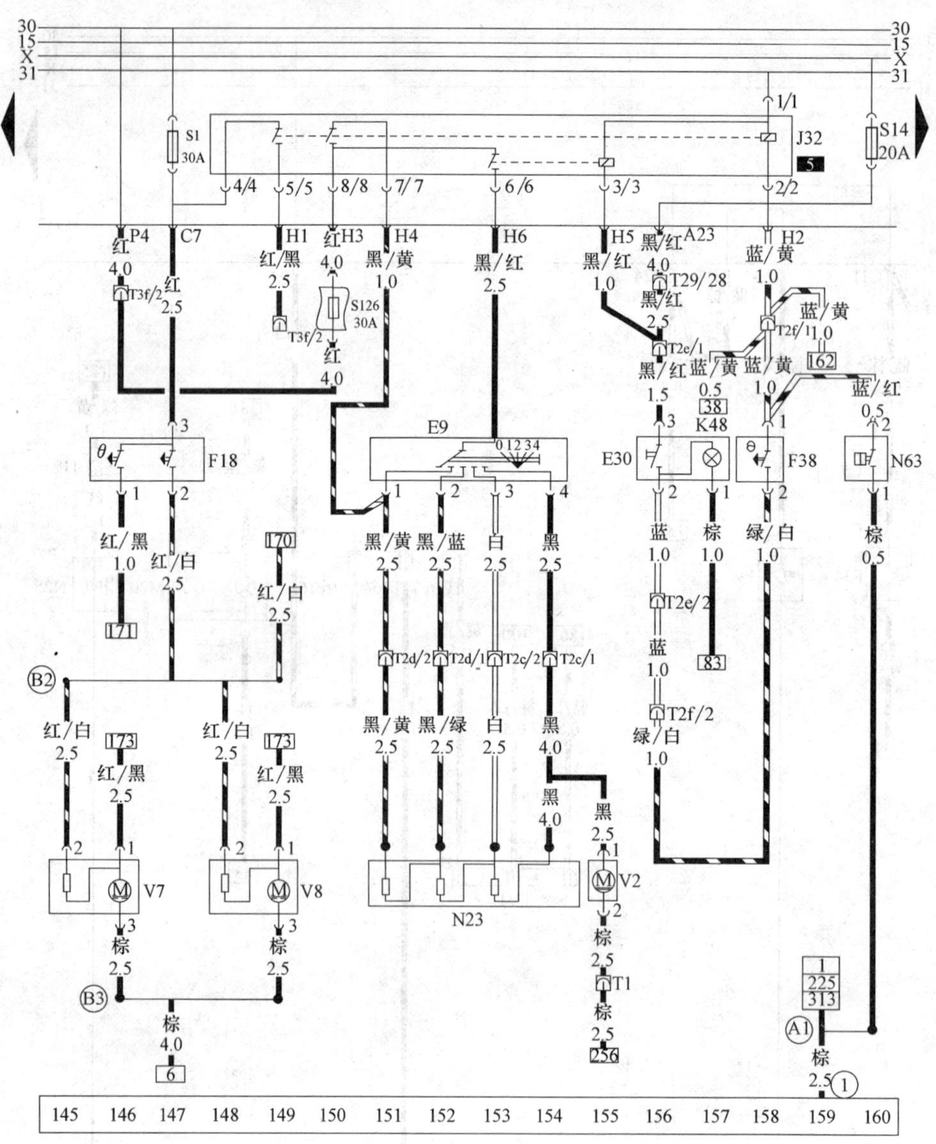

图 F-12　桑塔纳 2000GSi 型轿车空调继电器、空调 A/C 开关、风速开关、鼓风电机、散热风扇、室温开关、进风门电磁阀电路图

E9—风速开关　E30—空调 A/C 开关　F18—散热风扇热敏开关　F38—室温开关　J32—空调继电器　K48—空调 A/C 开关指示灯　N23—鼓风电机减速电阻　N63—进风门电磁阀　S1—散热风扇熔丝（不用空调时）（30A）　S14—继电器熔丝（20A）　S126—空调鼓风电机熔丝（30A）　T1—空调鼓风电动机线束与仪表板线束插头连接（1 针，在中央线路板后面）　T2c—空调操纵线束与空调鼓风电动机线束插头连接（2 针，在加速踏板上方）　T2d—空调操纵线束与空调鼓风电动机线束插头连接（2 针，在加速踏板上方）　T2e—仪表板开关线束与空调操纵线束插头连接（2 针，在空调操纵面板后面）　T2f—发动机线束与空调操纵线束插头连接（2 针，在中央线路板后面）　T3f—空调操纵线束与发动机线束插头连接（3 针，在中央线路板后面）　T29—仪表板线束与仪表板开关线束插头连接（29 针，在组合仪表下方）　V2—鼓风电动机　V7—左散热风扇　V8—右散热风扇　Ⓐ1—接地连接线（在发动机线束内）　①—搭铁连接线（在发动机控制单元旁车身上）　Ⓑ2—连接线（在前照灯线束内）　Ⓑ3—搭铁连接线（在前照灯线束内）

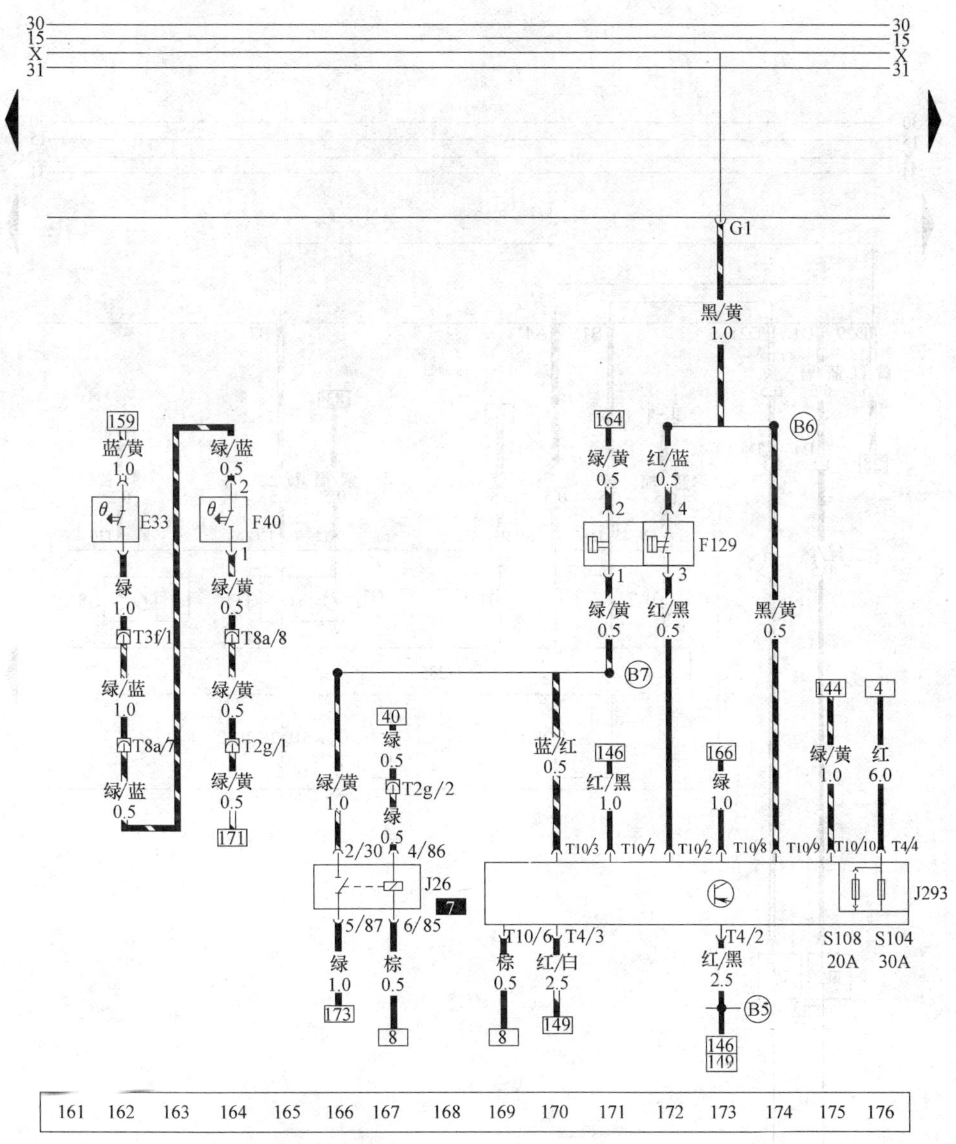

图 F-13 桑塔纳2000GSi型轿车散热器风扇控制器、压缩机切断继电器、冷量开关、组合开关、空调水温控制开关电路图

E33—冷量开关 F40—空调水温控制开关 F129—组合开关 J26—压缩机切断继电器

J293—散热器风扇控制器 S104—散热器风扇熔丝（高速挡使用空调时）（30A）

S108—散热器风扇熔丝（低速挡使用空调时）（20A） T2g—发动机线束与前照灯线束插头连接（2针，在中央线路板后面） T3f—空调操纵线束与发动机线束插头连接（3针，在中央线路板后面）

T4—前照灯线束与散热器风扇控制器插头连接（4针，在散热器风扇控制器上）

T8a—发动机线束与发动机右线束插头连接（8针，在发动机舱中间支架上）

T10—前照灯线束与散热器风扇控制器插头连接（10针，在散热器风扇控制器上）

(B5)—连接线（在前照灯线束内） (B6)—正极连接线（在前照灯线束内）

(B7)—连接线（在前照灯线束内）

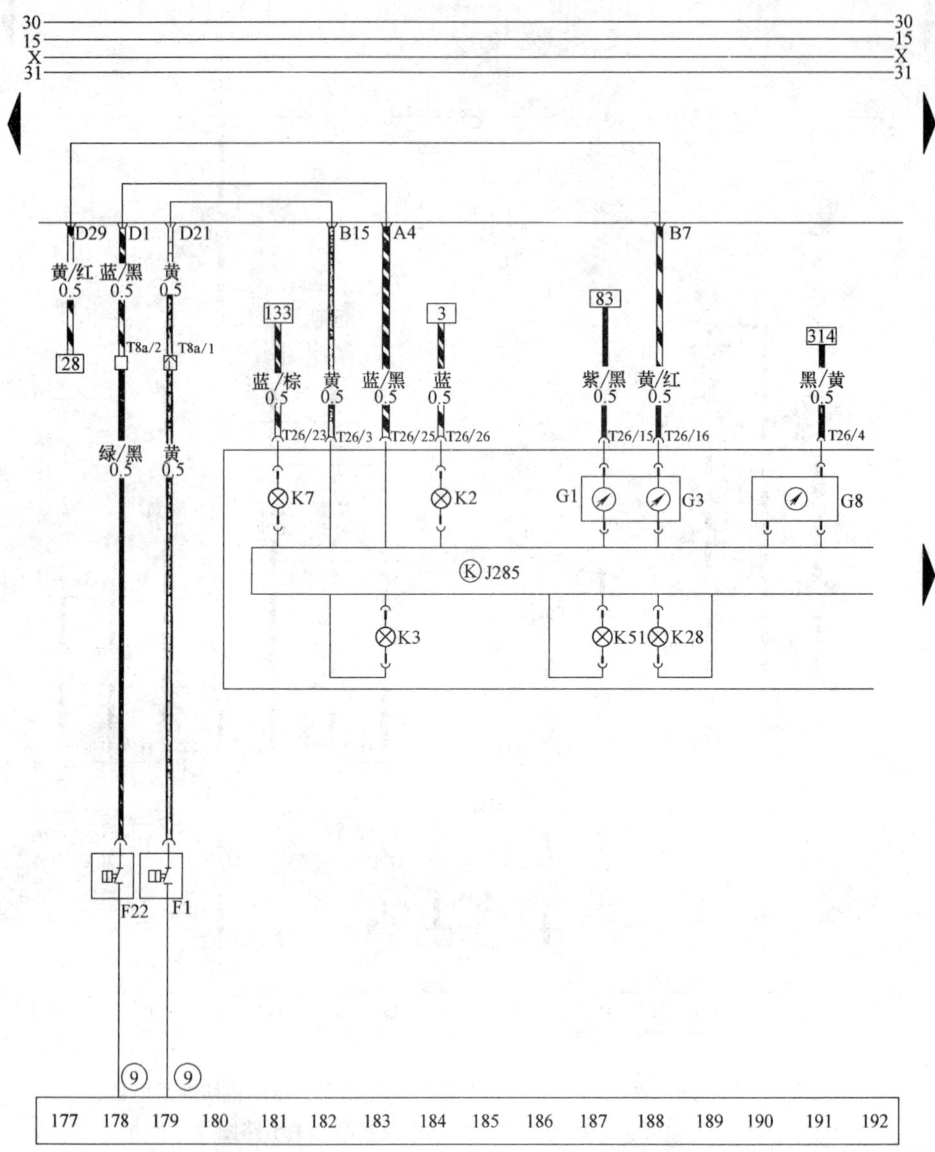

图 F-14 桑塔纳 2000GSi 型轿车组合仪表电路图

F1—油压开关（180kPa） F22—油压开关（25kPa） G1—汽油表 G3—水温表
G8—车速里程表 J285—组合仪表控制器 K2—充电不足警告灯 K3—油压报警灯
K7—手制动指示及制动液位警告灯 K28—冷却液温度报警灯 K51—汽油不足警告灯
T8a—发动机线束与发动机右线束插头连接（8 针，在发动机舱中间支架上）
T26—仪表板线束与组合仪表插头连接（26 针，在组合仪表上） ⑨—自身搭铁

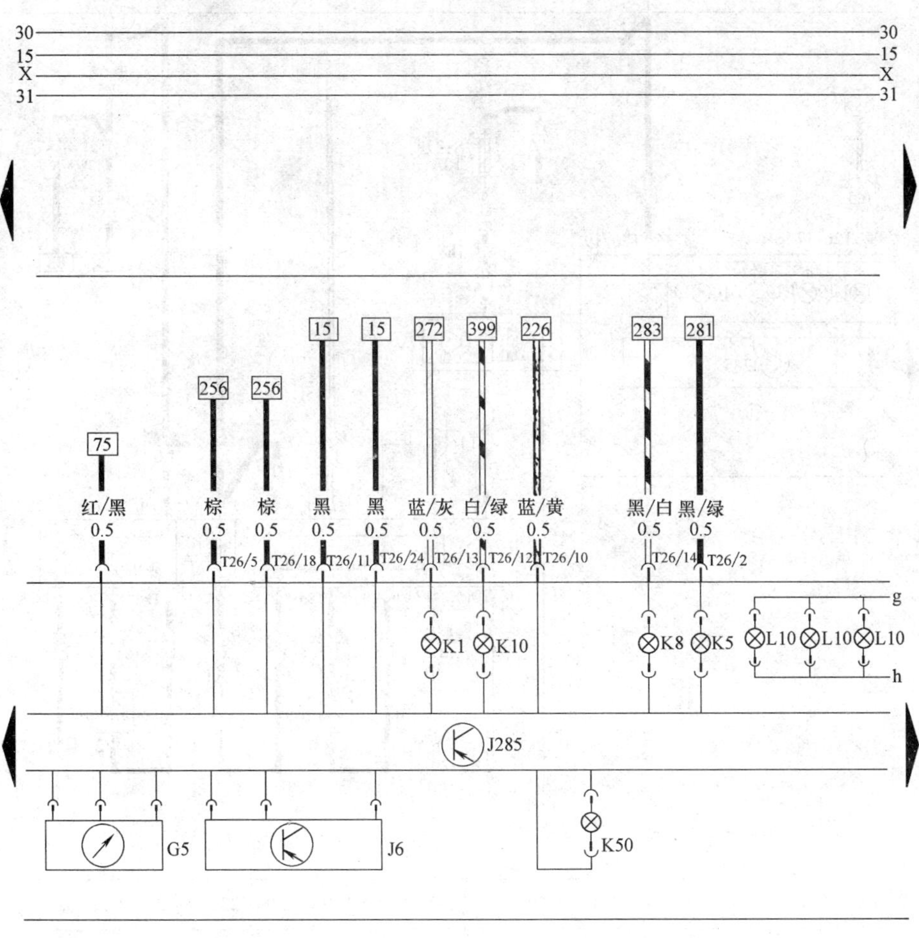

图 F-15　桑塔纳 2000GSi 型轿车组合仪表电路图

G5—转速表　J6—稳压器　J285—组合仪表控制器　K1—远光指示灯　K5—右转向指示灯

K8—左转向指示灯　K10—后风窗除霜指示灯　K50—冷却液不足警告灯

L10—仪表照明灯　T26—仪表板线束与组合仪表插头连接（26 针，在组合仪表上）

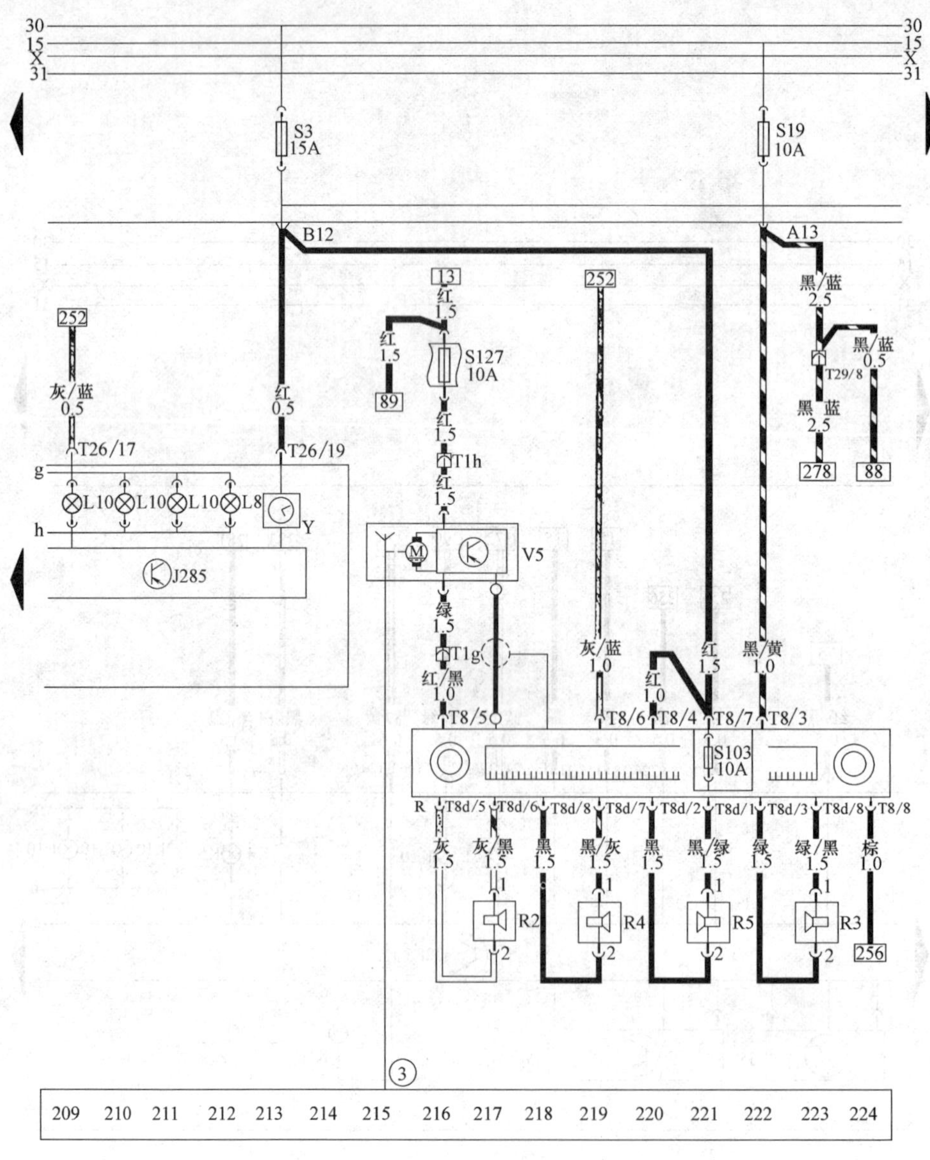

图 F-16 桑塔纳 2000GSi 型轿车组合仪表、收音机、自动天线电路图

J285—组合仪表控制器 L8—数字钟照明灯 L10—仪表照明灯 R—收放机 R2—左前扬声器 R3—右前扬声器 R4—左后扬声器 R5—右后扬声器 S3—点烟器、集控门锁、数字钟、内顶灯、后阅读灯、行李箱灯、遮阳板灯熔丝（15A） S19—收放机、转向灯、防盗器控制单元熔丝（10A） S103—收放机熔丝（停车时）（10A）

S127—自动天线熔丝（10A） T1g—仪表板线束与自动天线插头连接（1 针，在收放机后面） T1h—仪表板线束与自动天线插头连接（1 针，在收放机后面） T8—仪表板线束与收放机插头连接（8 针，在收放机后部） T8d—扬声器线束与收放机插头连接（8 针，在收放机后部）

T26—仪表板线束与组合仪表插头连接（26 针，在组合仪表上）

T29—仪表板线束与仪表板开关线束插头连接（29 针，在组合仪表下方）

V5—自动天线 Y—数字钟 ③—搭铁点（在自动天线附近车身上）

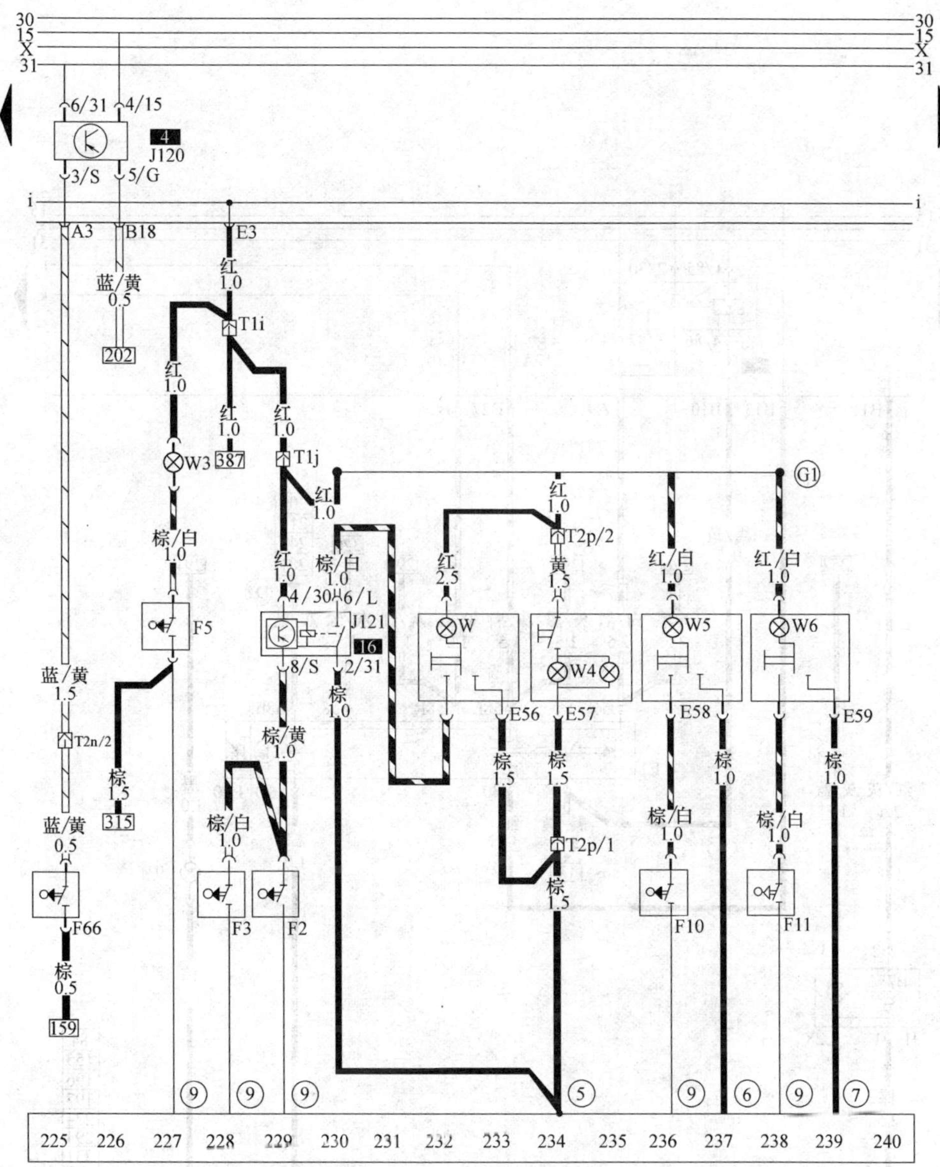

图F-17 桑塔纳2000GSi型轿车内顶灯、后阅读灯、行李箱照明灯、遮阳板灯电路图

E56—内顶灯照明开关 E57—遮阳板灯照明开关 E58—左后阅读灯照明开关
E59—右后阅读灯照明开关 F2—左前门上内顶灯接触开关 F3—右前门上内顶灯接触开关
F5—行李箱照明灯接触开关 F10—左后阅读灯接触开关 F11—右后阅读灯接触开关
F66—冷却液不足警告灯开关 J120—冷却液液位控制器 J121—内顶灯延时继电器
T1i—集控门锁线束与尾部线束插头连接（1针，在中央线路板后面）
T1j—集控门锁线束与内顶灯线束插头连接（1针，在中央线路板后面）
T2n—发动机线束与仪表板线束插头连接（2针，在中央线路板后面）
T2p—内顶灯线束与遮阳板灯插头连接（2针，在车顶前右侧） W—内顶灯
W3—行李箱照明灯 W4—遮阳板灯 W5—左后阅读灯 W6—右后阅读灯
⑤—搭铁点（在中央线路板右侧星形搭铁爪上） ⑥—搭铁点（在左后阅读灯前方车顶上）
⑦—搭铁点（在右后阅读灯前方车顶上） ⑨—自身搭铁 Ⓖ1—正极连接线（在内顶灯线束内）

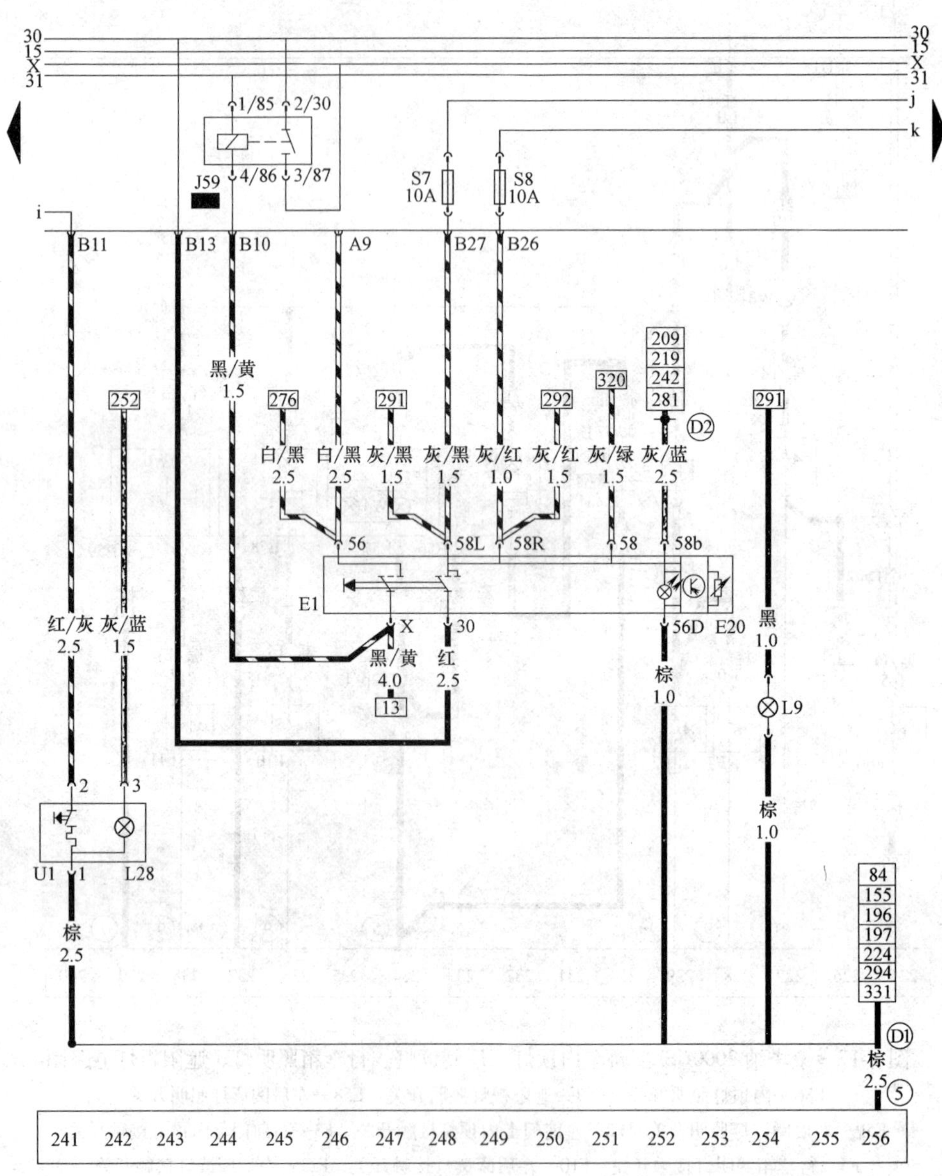

图 F-18　桑塔纳 2000GSi 型轿车灯光开关、点烟器电路图

E1—灯光开关　E20—仪表板照明调节器　J59—X 接触继电器　L9—灯光开关照明灯　L28—点烟器照明灯　S7—左尾灯、左前停车灯熔丝（10A）　S8—右尾灯、右前停车灯、发动机舱照明灯熔丝（10A）　U1—点烟器　⑤—搭铁点（在中央线路板右侧星形接地爪上）　D1—搭铁连接线（在仪表板线束内）　D2—连接线（在仪表板线束内）

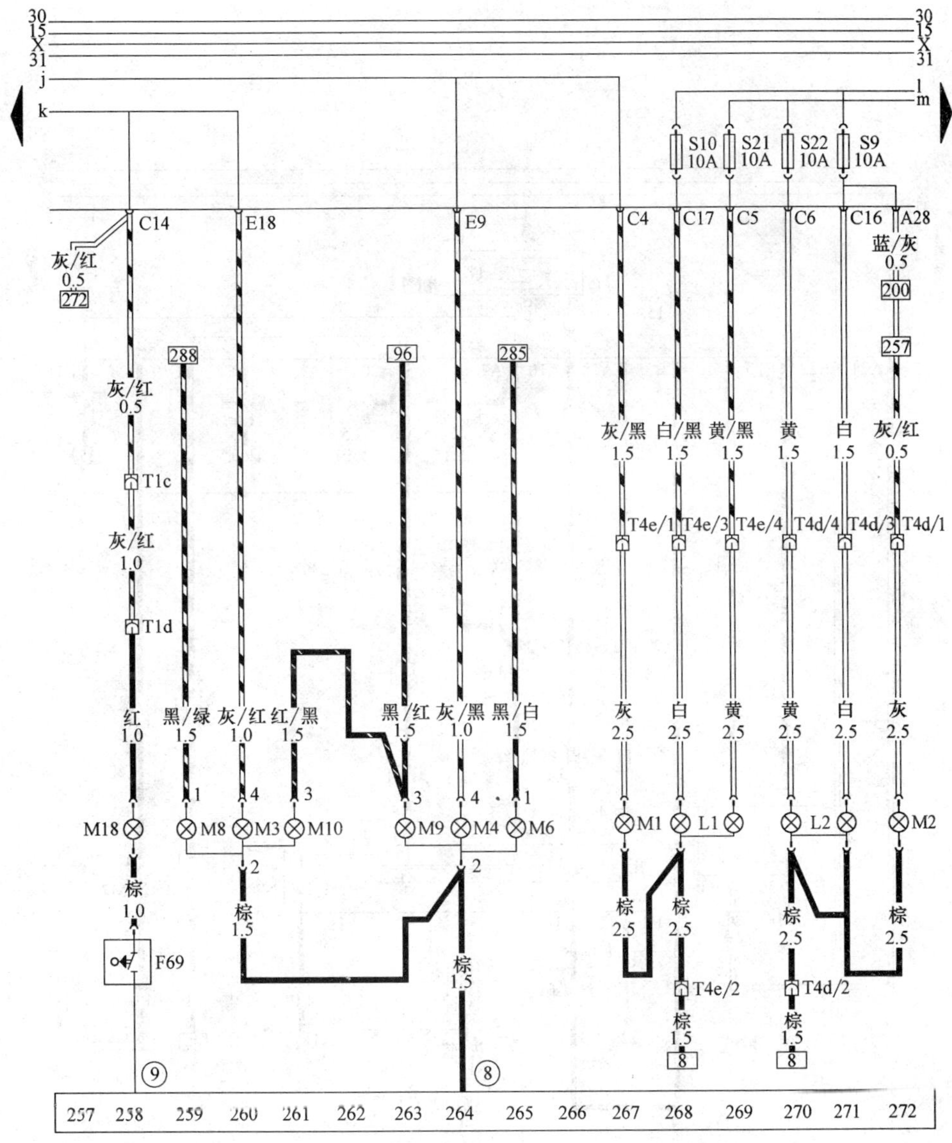

图 F-19　桑塔纳 2000GSi 型轿车前照灯、停车灯、后转向灯、尾灯、制动灯、发动机舱照明灯电路图

F69—发动机舱照明灯接触开关　L1—左前照灯　L2—右前照灯　M1—左停车灯　M2—右停车灯　M3—左尾灯　M4—右尾灯　M6—左后转向灯　M8—右后转向灯　M9—左制动灯　M10—右制动灯　M18—发动机舱照明灯　S9—右前照灯（远光）熔丝（10A）　S10—左前照灯（远光）熔丝（10A）　S21—右前照灯（近光）熔丝（10A）　S22—左前照灯（近光）熔丝（10A）

T1c—前照灯线束与发动机线束插头连接（1 针，在中央线路板后面）

T1d—发动机线束与发动机舱照明灯电线插头连接（1 针，在刮水器电动机前）

T4d—前照灯线束与右前照灯插头连接（4 针，在右前大灯上）

T4e—前大灯线束与左前照灯插头连接（4 针，在左前照灯上）

⑧—搭铁点（在左组合后灯左侧车身上）　⑨—自身搭铁

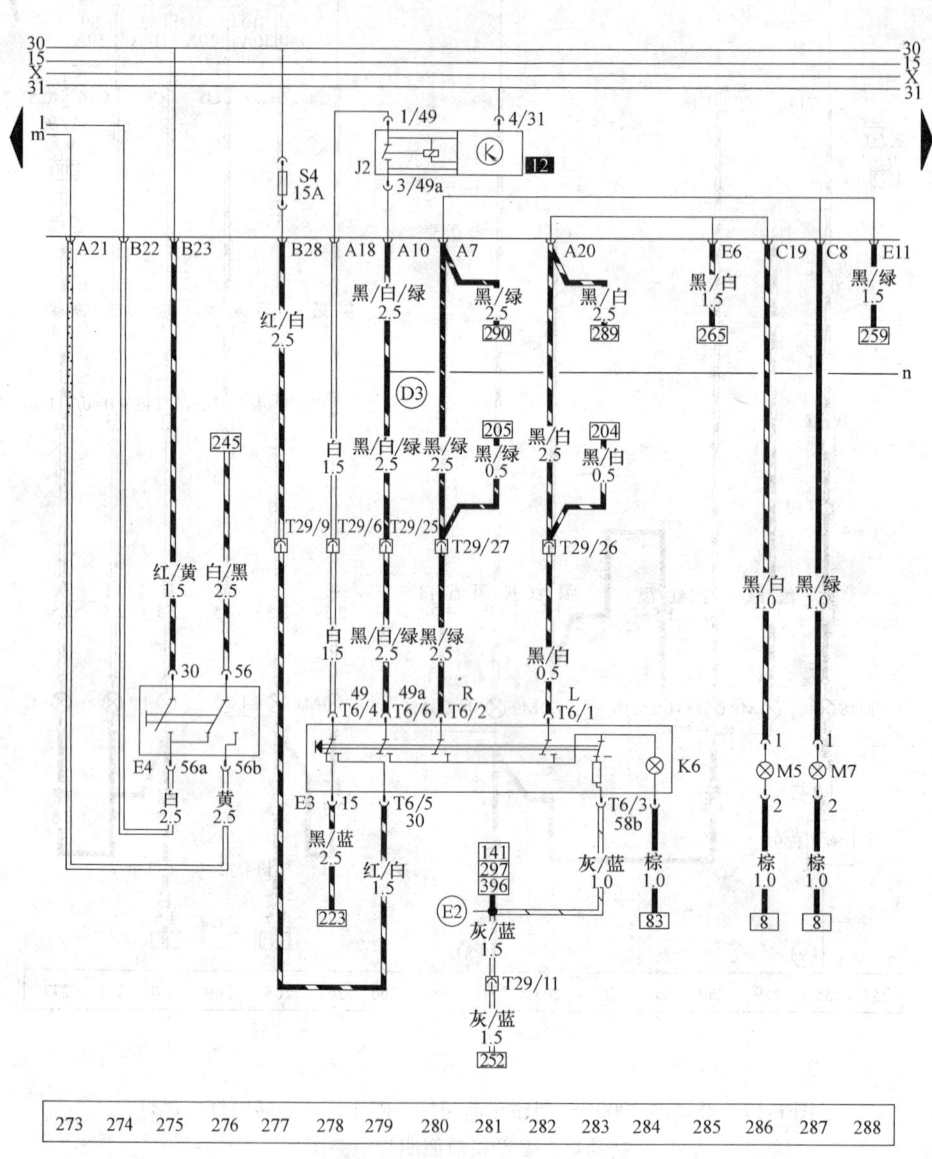

图 F-20 桑塔纳 2000GSi 型轿车变光开关、报警灯开关、前转向灯电路图

E3—报警灯开关 E4—变光开关 J2—转向灯继电器 K6—报警闪光指示灯

M5—左前转向灯 M7—右前转向灯 S4—报警灯熔丝（15A）

T6—仪表板开关线束与报警灯开关插头连接（6 针，在报警灯开关上）

T29—仪表板线束与仪表板开关线束插头连接（29 针，在组合仪表下方）

Ⓓ3—正极连接线（在仪表板线束内） Ⓔ2—连接线（在仪表板开关线束内）

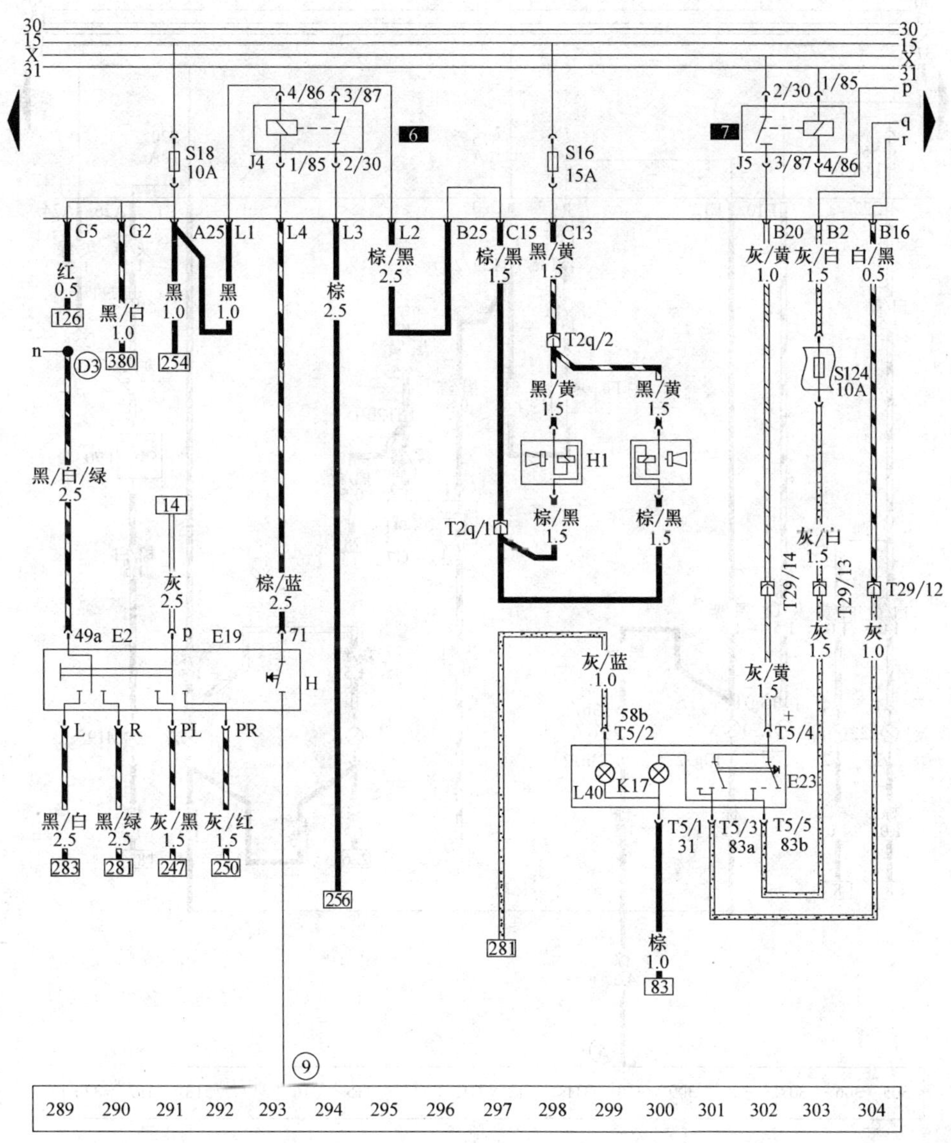

图 F-21 桑塔纳2000GSi 型轿车转向灯开关、停车灯开关、雾灯开关、双音喇叭电路图

E2—转向灯开关 E19—停车灯开关 E23—雾灯开关 H—双音喇叭开关 H1—双音喇叭
J4—喇叭继电器 J5—雾灯继电器 K17—雾灯指示灯 L40—雾灯开关照明灯
S16—喇叭熔丝（15A） S18—喇叭继电器、灯光开关、ABS 警告熔丝（10A）
S124—后雾灯熔丝（10A） T2q—前照灯线束与喇叭线束插头连接（2 针，在喇叭上方）
T5—仪表板开关线束与雾灯开关插头连接（5 针，在雾灯开关上） T29—仪表板线束与仪表板开关线束插头连接（29 针，在组合仪表下方） ⑨—自身搭铁
Ⓓ3—正极连接线（在仪表板线束内）

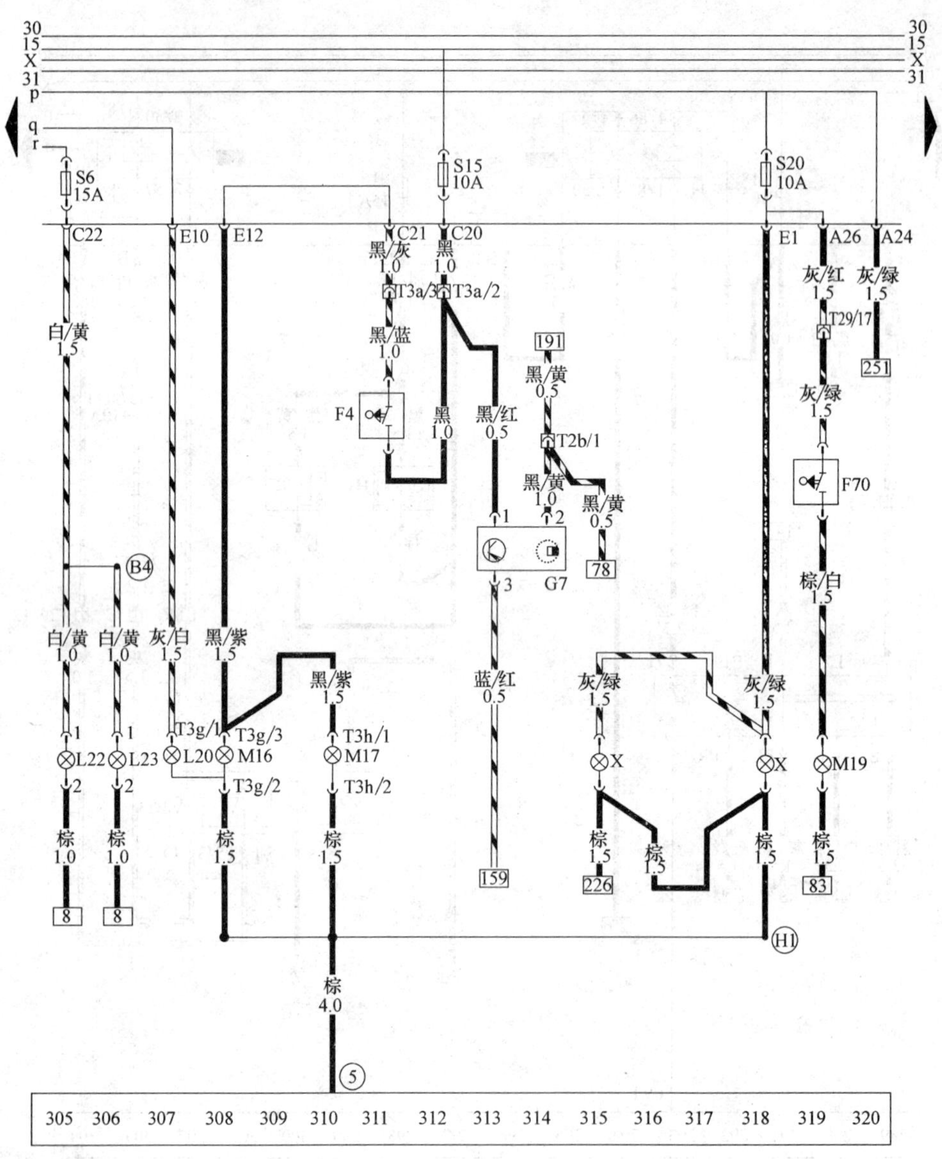

图 F-22　桑塔纳 2000GSi 型轿车雾灯、倒车灯、牌照灯、杂物箱照明灯、车速传感器电路图

F4—倒车灯开关　F70—杂物箱照明灯接触开关　G7—车速传感器　L20—后雾灯　L22—左前雾灯
L23—右前雾灯　M16—左倒车灯　M17—右倒车灯　M19—杂物箱照明灯　S6—前雾灯熔丝（15A）
S15—倒车灯、车速传感器熔丝（10A）　S20—牌灯、杂物箱照明灯熔丝（10A）
T2b—发动机线束与仪表板线束插头连接（2 针，在左倒车灯上）　T3a—发动机线束与前照灯线束插头连接（3 针，在中央线路板后面）　T3g—尾部线束与左倒车灯插头连接（3 针，在左倒车灯上）　T3h—尾部线束与右倒车灯插头连接（3 针，在右倒车灯上）
T29—仪表板线束与仪表板开关线束插头连接（29 针，在组合仪表下方）
X—牌照灯　⑤—搭铁点（在中央线路板右侧星形搭铁爪上）　B4—正极连接线（在前照灯线束内）
H1—搭铁连接线（在尾部线束内）

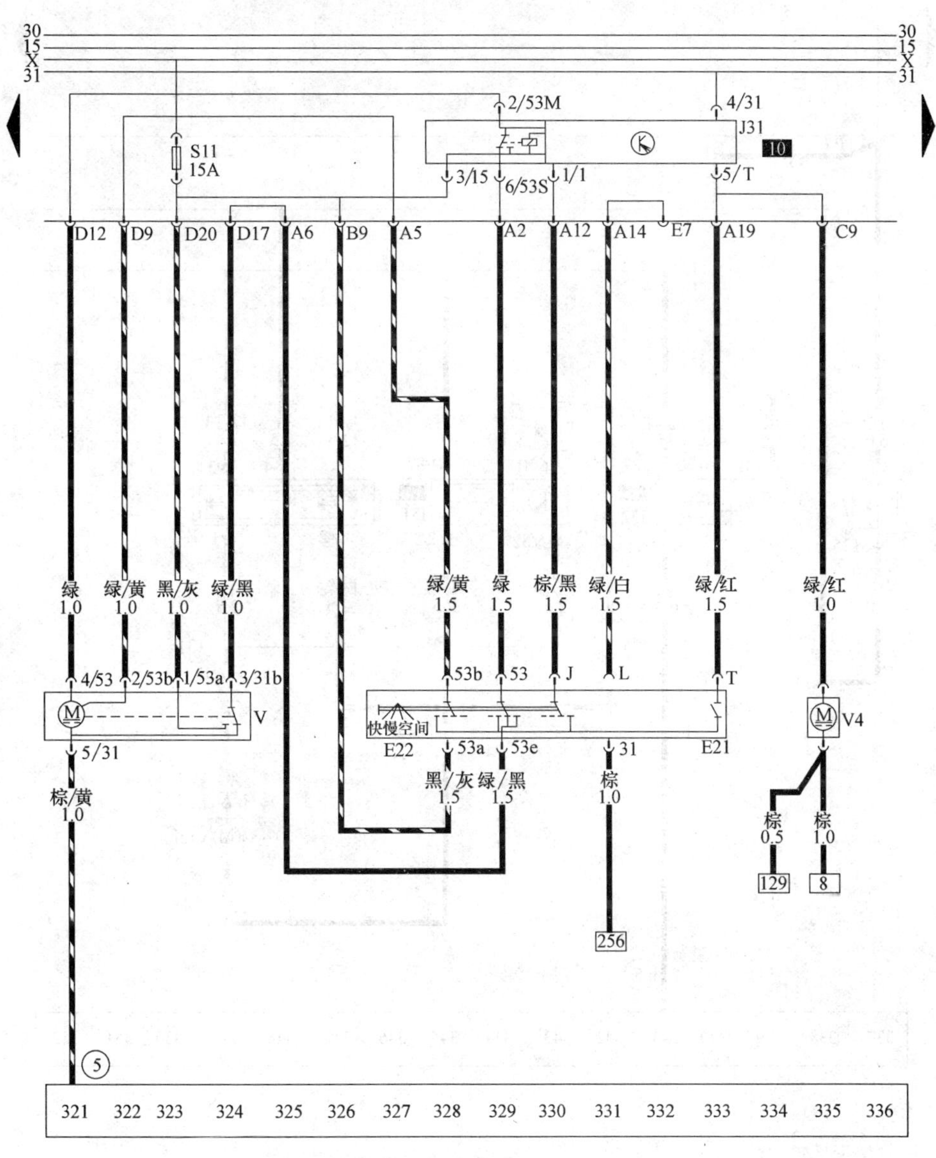

图F-23　桑塔纳2000GSi型轿车前风窗刮水器、前风窗清洗器电路图

E21—前风窗清洗泵开关　E22—前风窗刮水器开关　J31—刮水继电器　S11—前风窗刮水器、清洗器熔丝（15A）　V—前风窗刮水电动机　V4—前风窗清洗泵

⑤—搭铁点（在中央线路板右侧星形搭铁爪上）

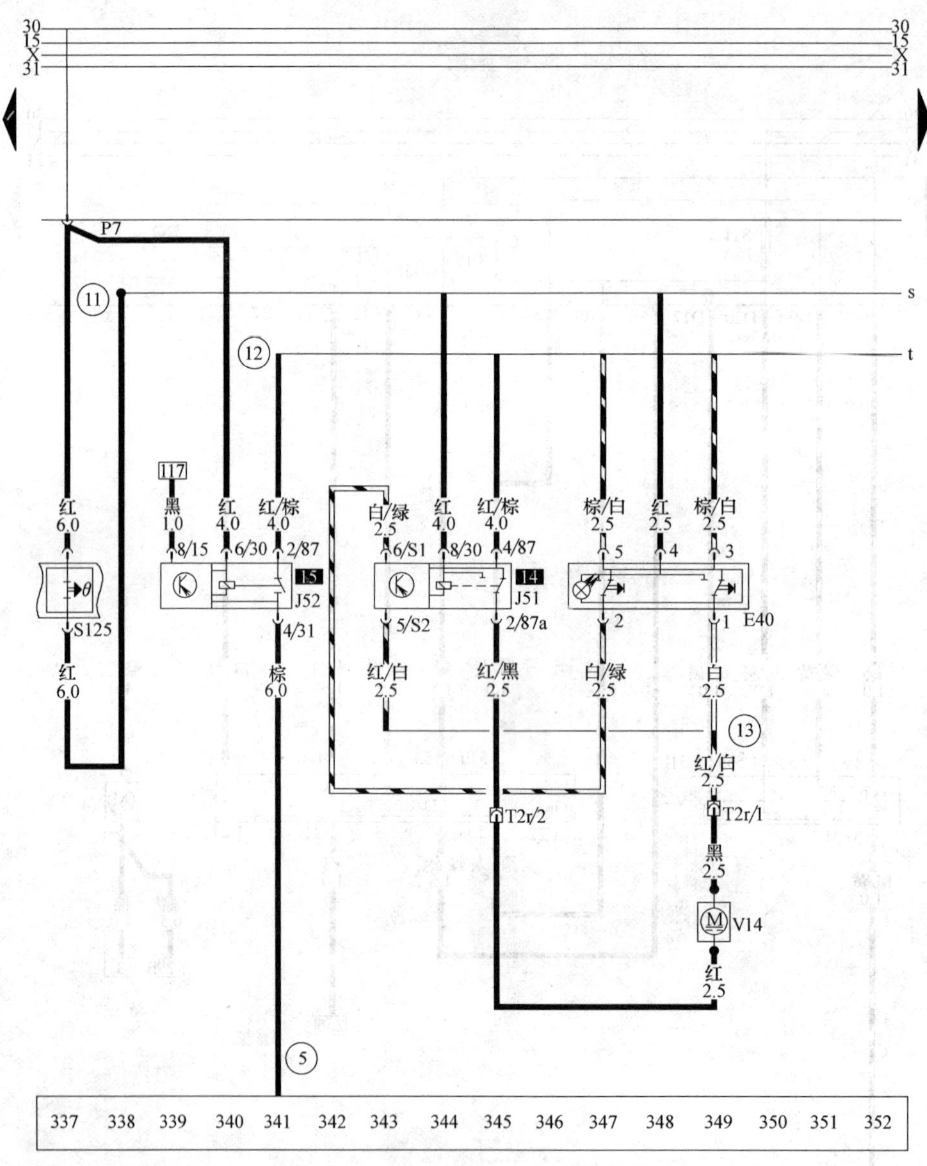

图 F-24 桑塔纳 2000GSi 型轿车电动摇窗机电路图

E40—摇窗机开关 J51—摇窗机自动下降继电器 J52—摇窗机延时继电器 S125—电动摇窗机执保护器 T2r—电动摇窗机线束与电动摇窗机插头连接（2 针，在左前门内） V14—左前摇窗机电动机 ⑤—搭铁点（在中央线路板右侧星形搭铁爪上） ⑪—正极连接线（在电动摇窗机线束内） ⑫—连接线（在电动摇窗机线束内） ⑬—连接线（在电动摇窗机线束内）

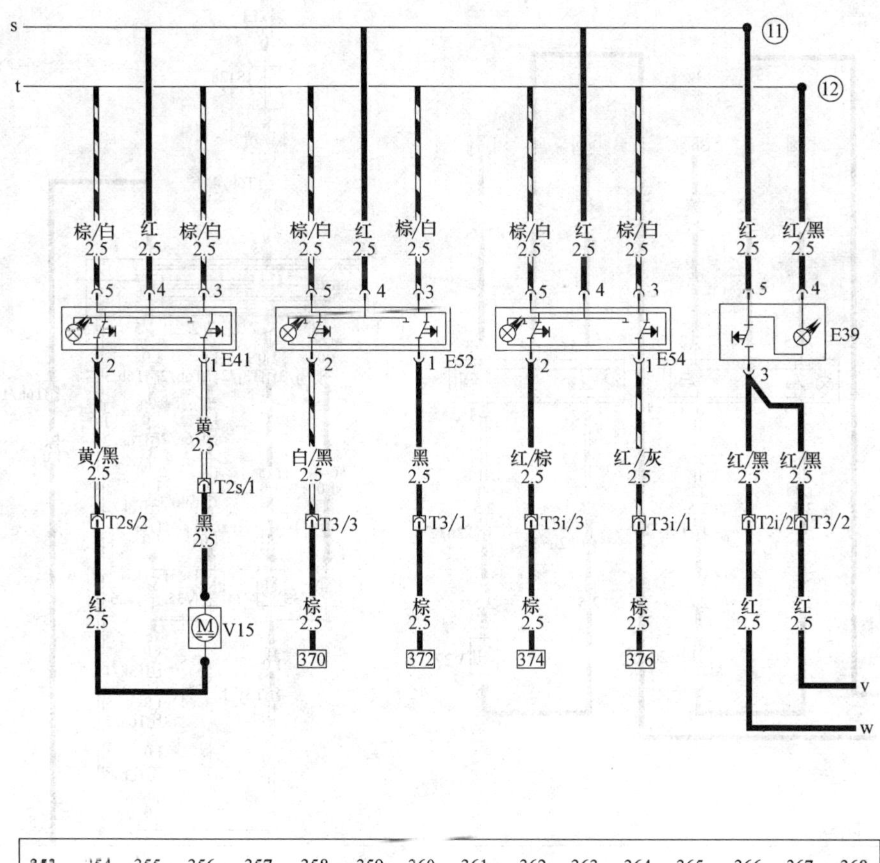

353	354	355	356	357	358	359	360	361	362	363	364	365	366	367	368

图 F-25　桑塔纳 2000GSi 型轿车电动摇窗机电路图

E39—摇窗机安全开关（后门）　E41—摇窗机开关（左前）

E52—摇窗机开关（左后）　E54—摇窗机开关（右后）

T2s—电动摇窗机线束与电动摇窗机插头连接（2 针，在右前门内）

T3—电动摇窗机线束与左后摇窗机插头连接（3 针，在左后门内）

T3i—电动摇窗机线束与右后摇窗机插头连接（3 针，在右后门内）

V15—右前摇窗机电动机　⑪—正极连接线（在电动摇窗机线束内）

⑫—连接线（在电动摇窗机线束内）

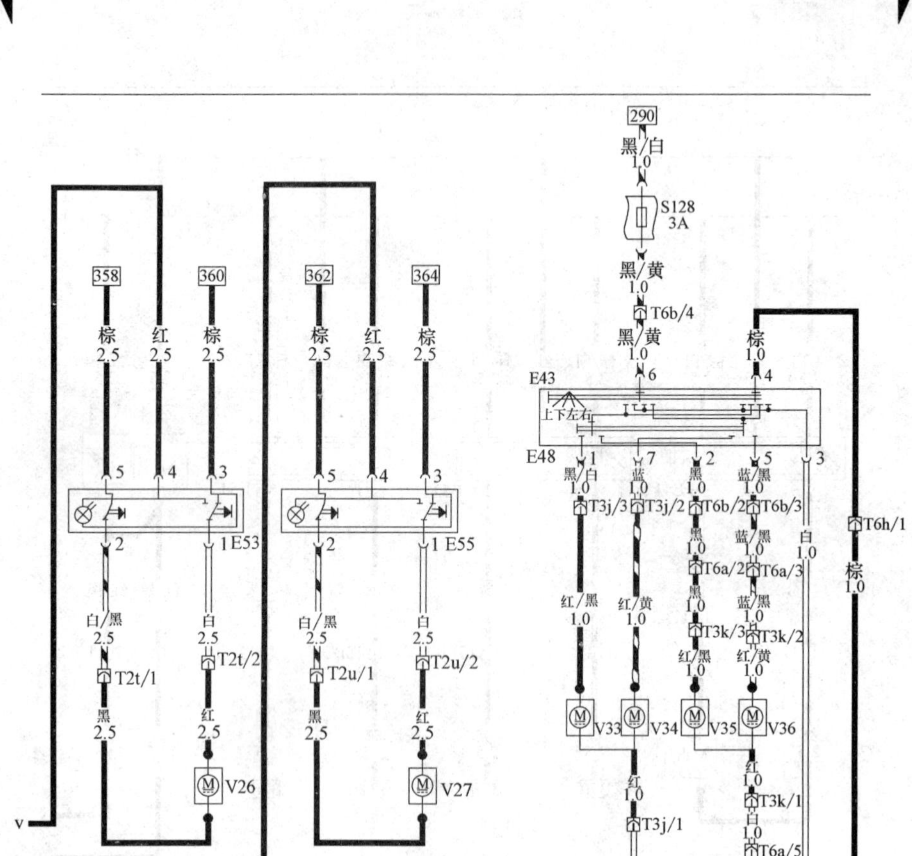

图 F-26　桑塔纳 2000GSi 型轿车电动摇窗机、电动后视镜电路图

E43—电动后视镜调节开关　E48—电动后视镜转换开关　E53—左后门上摇窗机开关
E55—右后门上摇窗机开关　S128—电动后视镜熔丝（3A）　T2t—左后摇窗机开关与摇窗机电动机插头连接（2 针，在左后门内）　T2u—右后摇窗机开关与摇窗机电动机插头连接（2 针，在右后门内）　T3j—左前门线束与左电动后视镜插头连接（3 针，在左前门内）
T3k—右前门线束与右电动后视镜插头连接（3 针，在右前门内）　T6a—电动后视镜线束与右前门线束插头连接（6 针，在杂物箱右侧）　T6b—电动后视镜线束与右前门线束插头连接（6 针，在中央线路板左侧）　V26—左后摇窗机电动机　V27—右后摇窗机电动机
V33—左电动后视镜上下调节电动机　V34—左电动后视镜左右调节电动机
V35—右电动后视镜上下调节电动机　V36—右电动后视镜左右调节电动机
⑤—搭铁点（在中央线路板右侧星形搭铁爪上）　Ⓙ1—连接线（在左前门线束内）

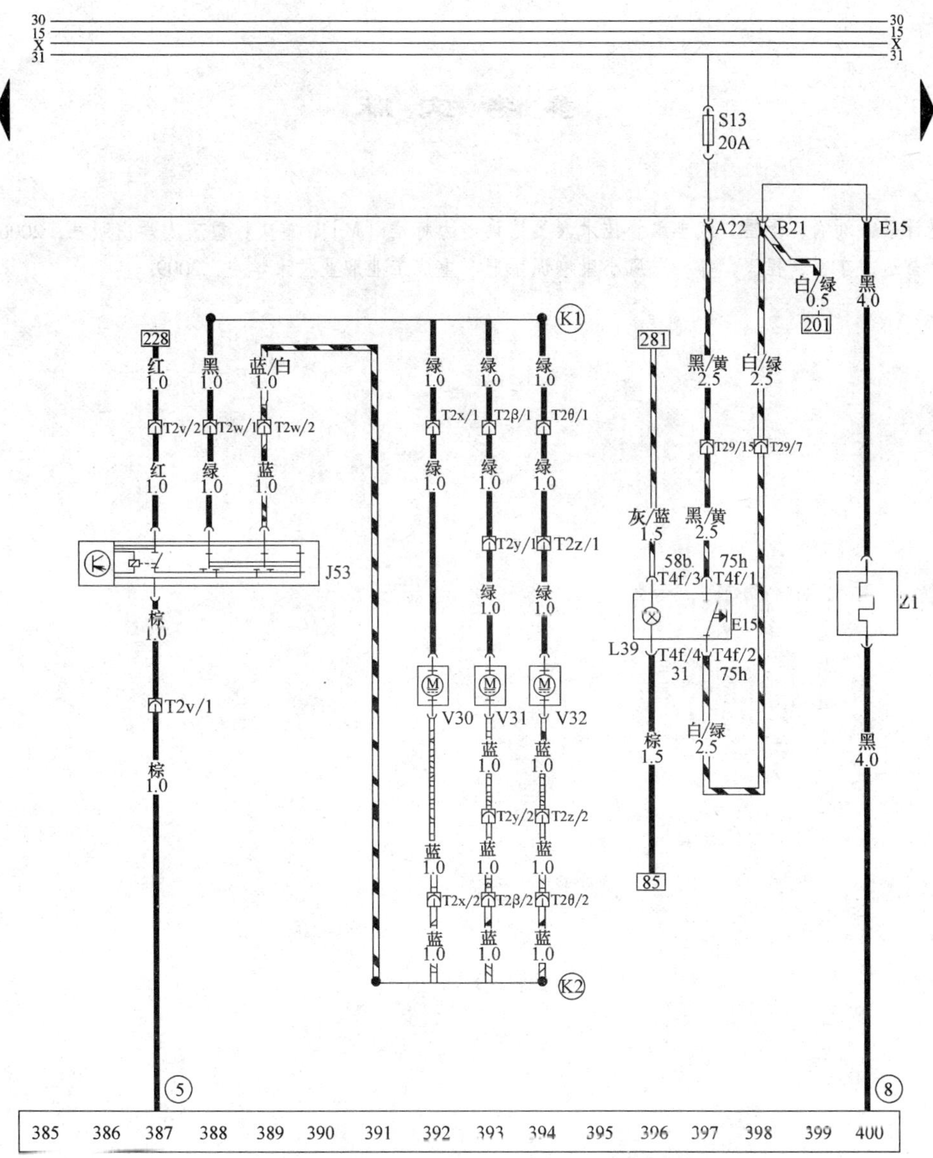

图F-27　桑塔纳2000GSi型轿车集控门锁、后风窗除霜器电路图

E15—后风窗除霜器开关　J53—集控锁控制器　L39—后风窗除霜器开关照明灯　S13—后风窗除霜器熔丝（20A）

T2v—左前门集控锁附加线束与集控门锁线束插头连接（2针，在左前门内）

T2w—左前门集控锁附加线束与集控门锁线束插头连接（2针，在左前门内）

T2x—右前门集控锁附加线束与集控门锁线束插头连接（2针，在右前门内）

T2y—左后门集控锁附加线束与左后门附加线束插头连接（2针，在左后门内）

T2z—右后门集控锁附加线束与右后门附加线束插头连接（2针，在右后门内）

T2β—左后门附加线束与集控锁线束插头连接（2针，在司机座椅外侧地毯下）

T2θ—右后门附加线束与集控锁线束插头连接（2针，在副驾驶座椅外侧地毯下）

T4f—仪表板开关线束与后窗除霜器开关插头连接（4针，在后窗除霜器开关上）

T29—仪表板线束与仪表板开关线束插头连接（29针，在组合仪表下方）

V30—右前集控锁电动机　V31—左后集控锁电动机　V32—右后集控锁电动机　Z1—后风窗除霜器

⑤—搭铁点（在中央线路板右侧星形搭铁爪上）　⑧—搭铁点（在左组合后灯左侧车身上）

K1—连接线（在集控门锁线束内）　K2—连接线（在集控门锁线束内）

参 考 文 献

[1] 赵计平，刘渝，李雷．汽车维修技术人员培训能力标准［M］．重庆：重庆大学出版社，2006.

[2] 袁苗达，李雷，程飞，等．东风小康培训手册．重庆工业职业技术学院，2009.